現代語訳

在床懺悔録

清沢満之［著］　藤田正勝［訳］

法藏館

現代語訳
在床懺悔録
目次

装幀―山崎　登

現代語訳

目次

一　仏陀と因果

〔問〕　仏陀も因果の法則を左右することはできないと聞きます。阿弥陀仏も願行（因）とその成就[*1]（果）というすじみちに従うと言われます。もしそうであれば、仏教においては因果の法則が最上の、あるいは無上の法則ということになるのでしょうか。

〔答〕　因果の法則は相対的な世界の理法です。どうして絶対的なものでありえましょうか（〔欄外注記〕『宗教哲学骸骨』を参照してください[*2]）。仏陀（とくに阿弥陀仏）は、言うまでもなくその本体は絶対的ですが、衆生に相対するとき、あるいは、実際に衆生界（相対的な世界）に姿を変えて現れる場合には、相対的世界の理法に従わざるをえません。永遠の過去からすでに仏となっていた阿弥陀仏[*3]も、衆生を救済し、彼岸に導くためには、相対的世界の因果の法則に依拠せざるをえないのです。そのために阿弥陀仏はわざわざ法蔵という名の修行者となり、この上なく不思議な原因と結果（願行とその成就）とを示されたのです。阿弥陀仏だけでなくその他のすべての仏も、それと同様に、修行時代の願行を成し遂げることによって、それぞれ衆生を救済され、彼岸へと導かれたのです。仏教において、報身仏《ほうじんぶつ》[*4]というのが重要な意味をもつのはこのためです。また真宗において、永遠の過去からすでに仏となっていた阿弥陀仏（久遠仏《くおんぶつ》）と十劫の昔に成仏した阿弥陀仏（十劫仏《じっこうぶつ》）の二つの仏のうち、十劫仏の完全なさとりに関わって救済の教えがあるのはこのためです（久遠仏は絶対的な仏であり、十劫仏は相対的な仏です）。このような次第ですので、因果の法則は仏教においてもっとも重要な理法です。しかし無上の、あるいは絶対の法則ではありません。

註

＊1　法蔵菩薩が衆生の救済を誓って四十八項目の願を立て、修行した結果、いまから十《じっ》劫《こう》の昔に成仏して阿弥陀仏になったということ（『無量寿経』による）。清沢満之『現代語訳　他力門哲学骸骨』（法藏館、二〇〇三年）、七五頁参照。なお「劫」はインドの時間の単位のうち、もっとも長いもの。永遠に長い時間と考えてよい。

＊2　清沢満之『現代語訳　宗教哲学骸骨』（法藏館、二〇〇二年）、四六頁。

＊3　いわゆる久遠実成《くおんじつじょう》の阿弥陀仏のこと。『無量寿経』で言われる十劫の阿弥陀仏はそれと異なり、成仏に関して「いつ」という限定をすることができない久遠の阿弥陀仏のいわば方便（衆生を救うためにとった仮の姿）にあたる。

＊4　仏となるための因である修行を行い、その結果、その報いとして完全な功徳を備え

るに至った仏のこと。

二　仏陀の存在

〔問〕　仏陀は仏教の根本観念であると言ってよいでしょう。しかし、その観念が示す実体が実際に存在するということは、まったく認めがたいことです。それはどのように証明されるのでしょうか。

〔答〕　人間を万物の霊長と認める人は、仏陀を発見することはできないと思います。しかし、人間が万物の霊長であるという証明があるかと言いますと、決してそのような証明はありません。われわれの不完全であることは、もし理論的な証明を求められれば、容易に証明することができます。われわれの知識に至らないところがあり、われわれの能力に及ばないところがあることから、そのことを考えることができます。そして同時に、この不完全ということのうちに、優劣、あるいは上下があることも明白です。これらの事実から推し量って考えてみますと、われわれ人類よりはるかにすぐれた不可思議なものが存在するということは、ほぼ想像し、予見することができるでしょう。そしてさらにまた、われわれ人類だけでなく、いっさいの生きもの（衆生）が、（あるいは生きものでないものも）すべて発展・進化するものであることを考えあわせるならば、下等の生きものも次第に上等のものに進化し、われわれ人類もまた次第にすぐれた存在者の世界へと発展しうるということが分かります。このような発展・進化はどこに到達したらやむのでしょうか。理論上は無限の発展を認めざるをえません。もしそうであるとすれば、この無限の発展の主体が、すなわち仏陀です。

さらに観点を変えて、依存と独立という観念から出発すれば、独立した絶対的なものが存在せざるをえないことが分かります。この独立した絶対的なもの、すなわち仏陀です（〔欄外注記〕『骸骨』を参照してください）[*1]。

註

＊1　『現代語訳　宗教哲学骸骨』一八頁。

三　無限と心霊《パーソナリティー》

〔問〕　独立無限なものが存在することは了解しました。しかしそれは、心とか霊（魂）とかいうものと異なったものではないでしょうか。ところが仏教が説く仏陀はつねに心霊的なものであるように思います。この点はいかがでしょうか。

〔答〕　独立無限なものは、無限な性質と能力とを備えるものでなければならないということは言うまでもありません。したがって、それが心霊的な性質と能力を完全に備えているということも、当然のことではないでしょうか。また次の点についても考えてみてください。

　われわれ人類でさえ心霊的な存在ではないでしょうか（その心霊は有限なものであり、劣等のものであるにせよ、とにかく心霊です）。そうであるとすれば、最上の、そして優等の独立無限者が、どうして心霊的なものでないと言うことができるでしょうか。いいえ、独立無限者こそ真に完全無欠の心霊であることができると思います。もちろん偏った邪悪な心霊ではありません。慈悲と智恵とを完全に備えた心霊です。

四　自力と他力

〔問〕　安心《あんじん》[*1]を得る道に自力の立場と他力の立場があります。そうであるのに、どうして他力の立場だけを勧めるのでしょうか。

〔答〕　お勧めするのは、ただ漫然と他力の立場ということではありません。他力のなかの他力の立場、すなわち、いっさいの衆生を引き受け、救おうという阿弥陀如来の広大な誓いに帰依するという一つの道だけをお勧めするのです。

『骸骨』で論じましたように、[*2]自力の道であれ、他力の道であれ、さとりに至るまでの時間は、どちらの場合も、それぞれきわめて速く一瞬で成就する場合もありますし、はかりしれないほどの長い時間がかかる場合もあります。その差は、実際、無限と言ってよいほどの違いがあります。

そしてゆっくりと長い時間がかかる場合には、そのあいだに、後戻りをしたり、堕落をする心配が多いわけですから、もし可能であれば、迅速な近道を取るべきであることは論じるまでもありません。

ところが自力の道においては、自分の仏性[*3]を発展させることを基礎とするわけですから、完全なさとりへと迅速に至ることを期すのは困難です。場合によっては、きわめて遅いさとりへとゆっくりゆっくり近づいていくことになるでしょう。どうしてこれが不安の道でないということがあるでしょうか。

そして他力の立場においても、帰依する仏の威力しだいで、ゆっくりとしたさとりの恩恵しか受けられないということもあるでしょう。

しかし、阿弥陀仏の広大な誓いは決してそのようなものではありません。その威力と徳とはもっともすぐれ、その慈悲と智恵とは完全です。一瞬の帰依によって、すぐさま仏となるための原因である不可思議な功徳を十分なものとし、この世の命が終わるとき、すぐさま極楽浄土への往生を遂げさせてくれます。これこそまさに大いなる安心の道ではないでしょうか。心を仏法に向け、正しいさとりをえようと努める人は、道を誤って大きな利益を失わないようにしてほしいものです。

註

＊1　宗教的な信念が確立され、心が乱れないこと。浄土真宗では、阿弥陀仏の本願によって必ず往生できると信じ、心が安んじた状態にあることを意味する。

＊2　『現代語訳　宗教哲学骸骨』六九頁。

＊3　仏（覚者）になりうる可能性。

五　阿弥陀仏の広大な誓い

〔問〕　他力のなかの他力の立場の主旨をほぼお聞きしました。それを阿弥陀仏の弘誓《ぐぜい》（広大な誓い）と言い表すのは、どうしてでしょうか。

〔答〕 広大な誓いというのは、広くいっさいの衆生を救済し、彼岸に導こうという誓いであり、願いのことです。そもそも仏道を修行する人は、あの一種わがまま流の者（声聞《しょうもん》、縁覚《えんがく》のことですが、これを二乗と言います）[*1]を除いたそのほかの者はすべて、自利と自他の二つの心情をもっています（これを菩提薩多《ぼだいさった》、あるいは略して単に菩薩と言います。大心有情という意味です。大心とは、自利と利他という二つの願いを実現することを言います。また有情というのは、こころ、すなわち心霊を有する者という意味です）。この二つの心情を願作仏心《がんさぶっしん》（仏になろうと願う自利心）と度衆生心《どしゅじょうしん》（衆生を救済し、彼岸に導こうとする利他心）と言います。この二つの心情はともに願望の心であり、それが極度に強くなれば誓願心となります。そしてもろもろの仏の王である阿弥陀如来の利他心は、自利の全体を賭して、善悪いっさいの凡夫を、煩悩にどこまでも迷う人、道理にもとるきわめて重い罪を犯す人、仏法をそしる人、生死を求めてさとりを求めない人に至るまで、一人ももらさず救済し尽くそうという大誓願です。そのために弘誓という名で呼ぶのです。これはもっとも尊い仏陀には必ずなければならないものですし、他の仏は完全な形では具備することができないものです。したがって阿弥陀仏と言えば弘誓、弘誓と言えば阿弥陀仏と解してもよいのです。あるいは、不思議な誓願とか、不思議な願力とか言っても、すべて同じことです。仰いで信じ、受け取るべきものです。

註

＊1　「声聞」とは仏の言葉（教え）を聞いてさとる者、「縁覚」は仏の言葉（教え）によらず、自らさとる者のこと。ともに自己のさとりのみを目的とする聖者のこと。合わせて二乗（「乗」はもともとは乗り物の意）と呼ばれる。

六　誓願の顚末はどうなっているのでしょうか。

〔答〕　誓願の詳細は、実際に他力の立場に立って考究しなければ、はっきりと理解することは困難であると思いますが、いま、その概略について述べてみましょう。

そもそも阿弥陀仏は、その本体は永遠の過去からすでに仏となっていた古仏であり、もろもろの仏の根本の師（本師）であり、根本の仏（本仏）です（本師・本仏の詳しい意味については別に考究いたします）。仏陀のなかの元祖です。つねに、相手を区別しない大慈悲心に促され、いっさいの衆生を救済し、彼岸に導こうという心をどうすることもできず、大いなる方便（仮の手立て）としてこの世界に現れ、法蔵という名の修行者となったのです。第五十四仏（世自在王仏《せじざいおうぶつ》）のところで発心して誓いを立て、なみなみならぬ修行を成就して、ついにわれわれが往生できる大道をお開きになったのです。いま経典の文章を省略しながら引用してみますと、次の通りです。

時に国王ありき。仏の説法を聞きて、云々*1。

たとひわれ仏を得たらんに、十方の衆生、至心信楽《ししんしんぎょう》して、わが国に生ぜんと欲《おも》ひて、乃至十念《ないしじゅうねん》せん。もし生ぜずは、正覚《しょうがく》を取らじ。ただ五逆と誹謗正法《ひほうしょうぼう》とをば除く*2。

兆載永劫《ちょうさいようごう》において、菩薩の無量の徳行を積植《しゃくじき》して、欲覚・瞋覚《しんかく》・害覚を生ぜず。欲想・瞋想・害想を起こさず云々*3。

そして誓願の項目数は全部で四十八ですが、すべて衆生を救済し、彼岸に導こうという目的のためのものです。法然上人は、これを概説して次のように述べています（『選択集』の文*4）。そして親鸞聖人はこれをまとめて四つの法（真理）を立てられました。教行信証がそれです。そのうちの教は『大無量寿経』、行は南無阿弥陀仏（第十七願*5の成就）、信は三信一心*6（第十八願の成就）、証は必至滅度《ひっしめつど》*7（第十一願*8の成就）です。他力の立場である真宗の眼目は、この四つの法（真理）に尽くされています。大切に、大切にしなければなりません。

註

＊1　『大無量寿経』巻上に見える表現（『浄土真宗聖典（註釈版）』一一頁）。「あるとき、

一人の国王がいて、仏〔世自在王仏〕の説法を聞き、〔深い喜びを覚えました〕」という意。

＊2　法蔵菩薩の四十八願のうちの第十八願（『浄土真宗聖典（註釈版）』一八頁）。「たとえわたしが仏になることができても、すべての人々が、心の底から深く信じ、わたしの国に生まれたいと願い、十たび念仏を称えるのでなければ、わたしは決してさとりを開きません。ただ五逆を犯した者と仏法をそしる者は除きます」という意。選択本願、本願三心の願、至心信楽の願と呼ばれる。「五逆」にはいくつかの説があるが、代表的な説では、母を殺すこと、父を殺すこと、聖者（阿羅漢）を殺すこと、仏の身体を傷つけて血を出さすこと、教団（サンガ）の秩序を乱し、分裂させること、以上の五つが挙げられる。

＊3　『大無量寿経』巻上に見える表現（『浄土真宗聖典（註釈版）』二六頁）。「はかりしれないほどに永い年月、菩薩としてはかりしれないほどに多くの修行を行い、功徳を積まれ、むさぼりの心や、怒りの心、害を与えようとする心を起こさず、また、それらの原因となる思いを起こしませんでした」という意。

＊4　『選択集』本願章の「わたくしにいはく、一切の諸仏おのおの総別二種の願あり」（『浄土真宗聖典　七祖篇（註釈版）』一二〇二頁）以下の文章をここに挿入する意図であ

った と考えられる。

＊5　「たとひわれ仏を得たらんに、十方世界の無量の諸仏、ことごとく咨嗟《ししゃ》して、わが名を称せずは、正覚を取らじ」。「たとえわたしが仏になることができても、あらゆる世界の無数の仏たちがすべてわたしの名をほめたたえて称えなければ、わたしは決してさとりを開きません」という意。

＊6　「三信」とは、第十八願の「心の底から（至心）深く信じ（信楽）、わたしの国に生まれたいと願う（欲生）」という文章中の「至心」、「信楽」、「欲生《よくしょう》」の三つを指す。「三信一心」とは、これらが、世親の『浄土論』における「一心」と同じものであることを言い表したもの。「一七　信とは三信一心（第十八願成就）であるというのはどういう意味でしょうか」を参照。

＊7　第十一願（次項参照）の「必ず滅度《めつど》に至らずは」を指す。「一三　証とは必至滅度である（第十一願成就）とはどういう意味でしょうか。」を参照。

＊8　「たとひわれ仏を得たらんに、国中の人天《にんでん》、定聚《じょうじゅ》に住し、必ず滅度に至らずは、正覚を取らじ」。「たとえわたしが仏になることができても、国中の人々や天界の神々が正定聚（必ずさとりを開いて仏になることが定まった人々のなかま）に入り、必ずさとりの境界に至らなければ、わたしは決してさとりを開きません」という意。

七　もろもろの経典ではなく大無量寿経を取るのはどうしてでしょうか。

〔答〕　他の経典はすべて、自力の立場の経典だからです。

八　仏の一代四十八年に説いた教えを表す経典はたいへん多いと聞きます。そして『無量寿経』のほかはすべて自力の立場の経典だとしますと、仏が世に現れられたほんとうの願いは、自力のさとりを勧めるという点にあったのではないでしょうか。

〔答〕　もちろん自力のさとりを願う人は、その道に従ってください。経典の数が多い、少ないということで思い惑うべきではありません。自力の立場と他力の立場のどちらを取るべきかという点については、先に論じたところではっきりしています。仏が世に現れられたほんとうの願いは何であったのかという問題については、ここで簡単に論じてみましょう。『大無量寿経』で次のように言われています。

今日世尊、諸根悦予《えつよ》し、姿色《ししき》清浄にして光顔巍々《ぎぎ》とましします。明なる浄鏡の表裏に影暢《ちょう》ずるが如し。威容顕曜《けんよう》にして超絶したまへること無量なり。未だ曾て殊妙なること今の如くましますを瞻睹《せんと》せず。……何が故ぞ威神光々たること乃爾《いましか》ると。……仏（釈迦仏）の言く、善き哉や、阿難問ふ所甚だ快し。……如来、無蓋の大悲を以て三界を矜哀《こうあい》し、世に出興する所以は、道教を光闡《こうせん》して群萠《ぐんもう》を拯《すく》ひ、恵むに真実の利を以てせんと欲してなり。……阿難諦聴《たいちょう》せよ、今汝が為に説ん。対《こた》へて曰く、唯、然り。願楽《がんぎょう》して聞んと欲《ねが》ひ上《たてまつ》る*1

と。いったい何が説かれたのでしょうか。法蔵菩薩がさとりの原因となる修行をし、その結果、成仏して阿弥陀仏になられたということ、つまり願と行とを成就されたということ、ほかならぬこのことを説かれたのです。これは、釈迦仏が世にお出ましになれられたほんとうの願いが、この経典で説かれているところにあるということを、自ら示されたということではないでしょうか。さらに『観経《かんぎょう》』と『小経』にあたってこの意味を検討すれば、自然と納得するところがあると思いますが、いまこのことは省略します。志ある人は、他力の立場に立って、この点をさらに問うてください。

註

＊1　『大無量寿経』巻上に見える表現（『浄土真宗聖典（註釈版）』八頁）。「世尊、今日は喜びが表に表れ、姿も清らかで、輝かしいお顔がいっそうおごそかに見えます。ちょうどくもりのない明鏡に映る姿が透き通っているかのようです。そのおごそかなお姿がかがやき、世をはるかに超えでたものになっています。このように尊いお姿をこれまで拝見したことがありません。……どうしていまお姿がこのように神々しく光り輝いているのでしょうか。……釈尊は、よろしい、阿難よ、たいへんけっこうな問いです、と答えられた。……また、如来はかぎりなく大きい慈悲の心で迷いの世界に住む人々を哀れまれるのです。如来がこの世にお出ましになるのは、仏道の教えを広く説いて人々を救い、ほんとうの利益を人々に恵みたいと願ってのことなのです、と仰せになられた。……そして、阿難よ、いまあなたのために説くから、よく聞きなさいと言われた。それに対して阿難は、はい、喜んで聞かせていただきます、と答えた」という意。

九　『観経』と『小経』というのは何のことですか。

〔答〕『観無量寿経』（『観経』と略します）と『阿弥陀経』（『小経』と略します）とは、ともに『大無量寿経』（『大経』と略します）に付随する経典です。それらが説くのは、『大経』の一部分を展開したり、詳しく説明したものにすぎません。したがって『大無量寿経』を挙げれば、他の二つの経はそのなかに含まれているのです。そうではありますが、真宗の教義を詳しく考察するためには、この二つの経は『大経』の内容を反映し、たいへん重要な内容と味わいを有しています。二つのうち『観経』の方は、さまざまな修行に対して念仏がもつ力と効用とを明らかにしていますし、『小経』の方は、ただ念仏という一つの行を挙げて、それが大きな善をもたらす原因であること、福と徳とのすぐれた原因であることを述べ、称讃しています。そしてともに『大経』で言われる純粋な他力の立場へと転じさせるものであり、実際、『大経』と並んで浄土真宗の最上の経典なのです。大事に大事に読んでください。

一〇　行というのは南無阿弥陀仏である（第十七願の成就）というのはどういう意味でしょうか。

〔答〕　一般的に言って、何かあることを成し遂げようと願うならば（発願）、それに応じた努力（修行）をしなければなりません。仏道においてもその通りです。願と行とが具わって、はじめてさとりという結果に達することができます。いま阿弥陀仏の大きな慈悲の導きによって衆生が浄土に往生したいと願う場合でも、どうして行なくしてそれが実現できるでしょうか。そこで阿弥陀如来は自らの名号を、衆生が往生を実現するための大いなる行とされたのです。つまり、まさに衆生をすべて救いとると誓われたのです。第十八願で「乃至十念」と願われていますが、何を念ずるのかと言いますと、まさに南無阿弥陀仏と称えることにほかなりません。このように南無阿弥陀仏の名号は衆生が往生するための大いなる行ですから、「行というのは南無阿弥陀仏である」と言ったのです。そして第十七願で「あらゆる世界の無数の仏たちがすべてわたしの名をほめたたえて称えなければ、わたしは決してさとりを開きません」と言われていますように、この名号は、阿弥陀如来の大いなる慈悲の心を衆生に伝える手段です。すなわち、この願の成就に対応して、あらゆる世界の仏たちがすべて阿弥陀如来の名前を称讃し、讃歎します。釈迦仏が『大無量寿経』を説かれたこと自体も、このことにほかなりません。衆生はこれら阿弥陀如来を称讃する声を聞いて、たちまち阿弥陀如来の大いなる慈悲が存在することを納得することができるのです。これはまったく第十七願が成就した賜物であり、それ以外の何ものでもありません。

一一　願と行とが具わってはじめてさとりという結果が生じるというのは結構ですが、しかしこれは自力の立場に属する教えではないでしょうか。ところでいま、純粋な他力の立場において大いなる行があるということが言われるのですが、これはどういうことでしょうか。

〔答〕よい質問です。一つの比喩で説明させてください。千金の価値のある珠玉があるとしましょう。これを買い求めようとする人は、働いて、働いて千金を貯めなければなりません。ところがここにお金持ちがいて、この人を哀れみ、自分に服従するのであれば、すぐに千金を差し上げようと言ったとします。その人がすぐにこのお金持ちに服従し、千金を得れば、珠玉を買い求めることができるわけですが、その場合、この千金は千金に代わりありませんが、まったく自分の労働の成果ではありません。

　ところで、わたくしたち衆生が、かぎりない過去からの迷いを断ち切って大きなさとりを成就し、その結果、仏としての地位に至ろうとするとき、どうして大いなる行なくしてそれを実現できるでしょうか。南無阿弥陀仏というのは、まさにその大いなる行なのです。そうではありますが、しかしこの行は、衆生の自力によって生じた行ではありません。阿弥陀如来の大いなる慈悲心がふり向けられた賜物なのです。第十七願の成就によりあらゆる世界の仏たちが阿弥陀如来の名号を称讃されるのを聞いて、これを信じ、それに従う一念が生じますと、たちどころに如来の大いなる慈悲心に基づく願と行とを一身に受けとることになります。思いが内にあれば、行いが外に現れるように、十たび名号を称え、念仏いたします（乃至十念《ないしじゅうねん》）。これがまさに往生を可能にする大いなる行なのです。

一二　乃至十念と言われる称名念仏というのはどういうものでしょうか。

〔答〕「乃至」というのは、多い少ないを限定して言い表した表現ではありません。十たび念じるのよりも多くても少なくてもかまわないということを、この「乃至十念」という言葉は言い表しています。経典の文章には「乃至一念」という表現もあります（成就の文)[*1]。

十念の念は念仏のことです。念仏には、あらゆる存在の真の姿(真如)を念ずる実相の念仏や、仏の姿を心に想い浮かべる観想の念仏などがありますが、いまそれらと区別して称名念仏ということを言います。それは南無阿弥陀仏と実際に口にして称讃することです。

この念仏は一度でも、二度でも、あるいはまた十回でも、百回でも、千万回でも、死ぬまでずっとしつづけてもかまわないということを「乃至十念」と言い表したのです。大いなる慈悲心による導きに出会い、信心を起こし、歓喜する人は、それぞれの事情によって一度、ないし二度、あるいはまた一生涯、南無阿弥陀仏と称讃して、報恩のこころを表現します。このことを「乃至十念」と言うのです。

註

＊1 『大無量寿経』巻下に、「あらゆる衆生、その名号を聞きて、信心歓喜せんこと乃至一念せん」という表現がある。

一三　乃至十念というのは往生のための大行《だいぎょう》なのでしょうか、それとも報恩の行いにすぎないのでしょうか。

〔答〕　往生のための大いなる行と報恩の行いとがぴったり合致するということが、乃至十念の正しい意味です。その大まかなところを次に述べてみましょう。

まず、先に挙げた千金の珠玉の比喩をもう一度取り上げて見てみましょう。お金持ちが千金を恵んでくれるのは、それで珠玉を買い求めさせようとしてのことです。その場合、これを受けとる人が、そのお金持ちの恩に報いるにはどうしたらよいでしょうか。

すかんぴんの身ですから、御礼をするためのものを最初から何も持っていません。またお金持ちの方も、何か物をもらいたいと思っていません。ただ受けとる人に、念願の宝珠を手に入れさせたいと思っているだけです。もしそうであるとすれば、千金を受けとる人は、その千金であの珠玉を買い求めて喜び、それを愛でれば、それがすなわち、お金をくれた人の恩義に報いることになると思います。施す人もまた、これを見て無上の満足を覚えるでしょう。

いま、阿弥陀仏の他力の念仏は何のためかと言いますと、衆生に往生という珠玉を得させようとするところにあると言えます。もし衆生が南無阿弥陀仏の真意を受けとめて、信心を起こし、歓喜するとともに、阿弥陀仏の誓願で指示されている通りに十たび念仏を称えて自分の往生を決定すれば、これこそまさに、阿弥陀仏の大いなる慈悲心と広大な誓いの大恩に報い、感謝することにほかなりません。このような次第ですから、往生の大行は、報恩の行いと完全に合致するのです。

一四　報恩の行いと往生の行いとが合致しないということはないのでしょうか。

〔答〕　必ずしもないとは言い切れません。ここに浄土真宗の一つの大きな問題があります。その大まかなところを言いますと、往生の行いと報恩・感謝とが合致するというのが、他力の立場の真の姿です。もし両者が別々であるとすれば、それは念仏の立場のなかの自力の立場（つまり第二十願の立場）ということになります。他力の念仏を自力の手柄とみなして、その念仏の量（回数）に応じて高い結果と低い結果（九品《くほん》往生[*1]など）が生じると考える立場です。

この立場では、往生の高い低いは、自分の努力が多いか少ないかにかかっているわけですから、ただひたすら行いが積み重なっていくのを追求するほかはありません。そこにどうして報恩の行いをする余地があるでしょうか。そのためにこの立場の行者は、励みに励んで昼夜を問わず、何万回も念仏を称えるのです。外見上はきわめて殊勝な態度に見えますが、実際には、まだ阿弥陀仏の大いなる慈悲心と広大な誓いの真の意味を理解していないのです。この誤りはどこからきているのでしょうか。ほかでもありません。阿弥陀仏の大いなる慈悲心と広大な誓いを、言いかえれば、不可思議な純粋な他力を堅く信じることができず、自分のつまらない、わずかばかりの功績にしがみつくからです。

もしほんとうの純粋な他力の立場に立ったとすれば、その信心が確立したあとの称名は、仏恩を強く感じる気持ちが外に輝き出ようとすることによって生じる報恩と感謝の行いにほかなりません。思いますに、それが往生の大行であると言われるのは、如来の誓願において、念仏が、衆生が往生するための言わば証書であるとされたために、そのように言われるにすぎません。決してそれを称える回数が多いとか少ないとかで、往生の一件に影響が出るわけではありません。事情が差し迫った場合には、たとえ一回も名号を口にしなくても、心のなかで、南無阿弥陀仏こそ往生の行いであると堅く信じるならば、往生という事業は完全に成就するのです。

註

＊1　『観無量寿経』に、生前に積んだ功徳によって浄土往生に九つの種類があることが説かれている。

一五　報恩の行いは絶えることなく継続するものなのか、あるいは間隔をおいて生じるものなのか、どちらでしょうか。

〔答〕　堅い信心から生じる自然な結果である報恩・感謝の念仏は、絶えるものではないはずです。本来はそうですが、ここで考えなければならないのは、過去の慣習です。石が落下する場合のことを考えてみますと、一度他から力が加わって落下をはじめるわけですが、そのあとはそれ自身に従前から具わっている惰性によって落ちていきます。仏恩を絶えず思う心は、金剛（ダイヤモンド）のように堅い信心が途絶えることなく続くことに基づいているわけですが、はかりしれない過去からの迷いや転倒した習性（たとえば「衆生は貪《むさぼ》りと瞋《いか》りの煩悩のなかにあって、よく清浄な往生を願う心を生じる」[＊1]とか、「煩悩によって視線がさえぎられ、衆生をすべて救いとろうという阿弥陀仏の光明は見えないが、大悲の心は怠り、捨てることなく、つねにわが身を照らしている」[＊2]とか、「貪りと瞋りの煩悩はしばしば起こるが、真実の信心はそれらによってもさまたげられない」[*3]とか言われます）は、つねに明るい眼を覆って、見えなくさせるのです。

　いまこのことを有限と無限との関係で説明しますと、有限は、それぞれが区別されていると考え、自と他、あれとこれという区別を忘れることができません。しかし、ひとたび無限と向きあうならば、主伴互具[*4]の関係が明らかになり、それが隠されることはありません。ひとたび明瞭となった関係は、もちろんつねに継続し、それが断たれるということは永久にありませんが、有限は孤立したものであるという習慣的なものの見方は、その後もなお惰性的な力を奮って、つねにこの主伴互具の関係を覆って、隠そうとしつづけるのです。

　こうした事情から、正しい考えと誤った考えとがともに現れ、現世では両者が交代してやまないのです。このことを仮に数学の式を借りて表現するとしますと、次のようになるでしょうか。

$$C\infty \sim a \times \infty = \pm b\ (0 \cdots\cdots \infty)$$

$C\infty$はconstant infinity〔不変な無限〕、すなわち阿弥陀仏の力。

a は variable quantity of daily impure actions〔日常の不純の行為の可変量〕

$a\times\infty$の∞は、infinite inertia of past lives〔過去の生の無限な惰性〕

±は pure or impure〔純粋または不純〕

b は variable quantity of present actions〔現在の行為の可変量〕

a の変化は c と d という二つの factors〔要因〕の状態によります。そのうちの c は constant〔不変な〕あるいは neutral〔中性的〕と言うべき因、すなわちわれわれの精神力 (mental energy) です。d は variable〔可変的〕(不浄と浄とが交代する)、あるいは oppositional〔対立的〕(正と邪とが相互排除的) と言うべき縁、すなわち心の外の事情 (environment or circumstance〔周囲の状況ないし事情〕) です (a[*5] $\propto$ cd)。

d = e+f	e = bodily constitution	体質
	f = external circumstances	境遇

命を終えるときは、a = 0 となりますから、

$C\infty \sim \overline{V_0 \times \infty} = \infty$ (a = 0 となるのは、a = c d の d について d = 0 となるからです) となって、眼を閉じる瞬間に、大いなるさとりをさとり終えるという大きな成果を得ることになります。[*6]

註

＊1　善導の『観経疏』「散善義」に見える表現。

＊2　親鸞『高僧和讃』の源信大師に関する十首中の表現。

＊3　存覚の『浄土真要鈔』「本巻」に、「三毒の煩悩はしばしばおこれども、まことの信心はかれにもさへられず」という表現がある。

＊4　すべての存在が、互いに主となり、伴（従属的なもの）となって、相互に関係しあい、一つの全体を構成していること。『現代語訳　宗教哲学骸骨』二二頁以下参照。

＊5　∝は「比例」を意味する。

＊6　法藏館版『清沢満之全集』では、ここに次の註が付されている。「此の数学式の考究に就いては、書簡集に収むる所の人見忠次郎氏に宛てられたる明治二十八年一月二十九日の書簡、及び稲葉昌丸氏に宛てられたる同二月一日の書簡を参照すべし」。

一六　南無阿弥陀仏とはどういう意味でしょうか。

〔答〕　これはサンスクリット語〔の音写〕です。帰命無量寿如来と訳します。無量寿如来に帰依いたしますという意味です。善導大師はこれを解釈して、「「南無」というのは、すなわち帰命のことである。また発《ほつ》願《がん》回《え》向《こう》の義[*1]である。「阿弥陀仏」というのは、その行である[*2]」と述べています。真宗の金科玉条とすべき註解です。その意味するところを簡単に述べてみましょう。

そもそも「南無」というサンスクリット語には「帰敬」、「恭敬」、「帰礼」など種々の訳語がありますが、「帰命」という訳語がもっとも適切です。わが真宗の開祖である親鸞聖人もまた、この訳語（帰命）を骨を折って解釈されましたが、それも大きな理由のあることです。

思いますに、この帰命というのは、命令に服するという意味ですが、尊い人の命令に応じた帰礼・恭敬ということであって、漫然と命令を敬い、それに従うということではありません。いま他力の立場の信者が阿弥陀如来に帰するのは、信者の方からそれを求めて実行するのではありません。阿弥陀仏の方からのそうすべきであるという命令に応じて、それを実行するのです。ある宗派ではこのことを、本願招喚《しょうかん》の勅命[*3]に帰すと言います。そしてこの帰命ということが、どこまでも阿弥陀仏に属するものであることを忘れてはなりません。通常行われる帰敬ないし礼拝、つまり有限者が有限者に対して行う帰敬や礼拝の場合は、帰依する者と帰依の対象である者とは、その根本において異なったものです。前者の行為は前者の行為であって、後者には属しません。後者の働きは後者の働きであって、前者には属しません。ところが有限者の無限者に対する行為の場合には、その趣をまったく異にします。有限者の行為は一応、有限者自身の能力から発したもののように見えます。

しかし一歩深く考察いたしますと、その行為はまったく無限者に属するものであると言わざるをえません。有限者の活動はすべて、無限者の活動の範囲内に包摂されているのです。と言いますのも、もしそうでなければ、無限者は真の無限者ではありえないからです。衆生が阿弥陀仏に帰依するのは、一見したところでは衆生の行為に似ていますが、しかし実際には、阿弥陀仏の指示・命令に従うにすぎないのです。機法一体[*4]、衆生の三業と仏の三業[*5]と云々と言われる通りです（『安心決定鈔』を見てください）。

このような次第で、「『南無』というのは、すなわち帰命のことである」と解釈されたのですが、さらに「また発願回向の義である」とも言われています。この「発願回向の義である」という文章は、この帰命が、阿弥陀仏がかつて願を立て、その功徳をわれわれ衆生にふり向けられた（付与された）ものにほかならないということを述べたものです。帰命というのはこのようなものですから、すでに自力の雑念がそこに混入する余地はありません。そうではなく、意識を一つのことに集中して、ただただ大悲の心から発せられる命令に従い、身を任すことを意味しています。つまり、自分の心の底から阿弥陀仏の不可思議な大いなる誓願の力に頼りきることです。これこそ、回り道をせず、一挙に迷いの世界を超える他力の立場の金剛のように堅い信心です。思いますに、阿弥陀仏の回向に帰依しようとする心は、自力でという凡夫の迷いの心のことではありません。他力によって授けられた仏心のことです。それが金剛心と言われるのは、ちょうどダイヤモンドがどのような鉱石にも破砕されないのと同様であることを言い表したものです。帰命の解釈の概略は、以上で述べた通りです。詳細を知りたい人は、さらに開祖の『教行信証』「行巻」におけるすばらしい解釈を仰ぎ、何が説かれているかを見てください。

さて、善導大師の解釈では次に、「「阿弥陀仏」というのは、その行である」と言われています。上で述べましたように、阿弥陀仏の大悲心から出た教え、あるいは命令に従う人は、浄土への往生を願う人のことにほかなりませんが、何を行《ぎょう》じたらその目的を実現できるかという問いに対する答えが、この「「阿弥陀仏」というのは、その行である」という言葉です。第十八の悲願で指示されている通り、十たび称名念仏を行うというのが、その行です。どうして称名念仏にこのような大きな功徳があるのでしょうか。ほかでもありません。阿弥陀仏がはかりしれないほど永い年月行った修行から生じた功徳・利益《りやく》をすべて集め、成就されたのがこの称名念仏であるからです。仏の名を一声称えれば、たちどころに往生の事業が成就するというのは、まさにそのことによるのではないでしょうか。以上が「「阿弥陀仏」というのは、その行である」という言葉の大意です。

なお阿弥陀仏の訳語に関して、無量寿、無量光、十二光等々がありますが、それに関してはいまは省略いたします（『顕名抄』[*6]を見てください）。ちなみに、

〔問〕称名とは阿弥陀仏の名を称えることだと思います。いま見ました解釈でも「「阿弥陀仏」というのは、その行である」と言われていました。ところが、称名念仏と言いながら、つねに「南無阿弥陀仏」と称えるのはどうしてでしょうか。

〔答〕「南無」という二字は、本文でも言いましたように、まったく阿弥陀仏の四字に付属したもので、それから切り離せない言葉です。衆生が阿弥陀仏に対するときは、どうあっても帰依せざるをえません。ですから、称名念仏というのは「南無阿弥陀仏」と称えることであると知ってください。経典における証拠を挙げてみましょう。『観無量寿経』下品段に次のように言われています。「まさに無量寿仏の名を称えるべし。……〔心の底から〕南無阿弥陀仏と称える。……仏の名を称えるが故に……〔生死の罪を取り除く〕[*7]」。

註

＊1　三七頁八行目以下参照。

＊2　善導『観経疏』「玄義分」に見える表現（『浄土真宗聖典　七祖篇（註釈版）』三二五頁）。

＊3　阿弥陀仏の本願は、念仏を勧め、衆生を浄土へと呼び招こうとする尊い命令である

ということ。『教行信証』（『浄土真宗聖典（註釈版）』一七〇頁）参照。

＊4　機は衆生の信心、法は衆生を救いとろうとする仏の力のこと。浄土真宗では両者が名号のなかに一体として収められていると説く。

＊5　『安心決定鈔』「本巻」で、『観無量寿経』の「念仏衆生の三業と阿弥陀如来の三業とは相離れず」という言葉が引用され、「衆生の三業と仏の三業とはまったく一体である」（『浄土真宗聖典（註釈版）』一三九四頁）ということが言われている。「三業」は身・口・意の三つの働き、つまり身体を通して行為すること、口を通して語ること、心に思うことを指す。

＊6　存覚の著した書。

＊7　『浄土真宗聖典（註釈版）』一一五頁。

一七　信とは三信一心である（第十八願成就）というのはどういう意味でしょうか。

〔答〕　信仰が宗教にとって重要であることは言うまでもありません。宗教とは信仰であり、信仰とは宗教であると言われることをみても、それがお分かりになるでしょう。宗教全般にわたってそう言えるわけですから、仏教に関してもそうでないとどうして言えるでしょうか。八宗[1]の祖師である竜樹菩薩は、「仏法の大海には信によってこそ入ることができる[2]」と説いています。

仏教全体についてそう言えるわけですから、他力の真宗においてもそうでないとどうして言えるでしょうか。ただそうであるというだけではありません。信仰は、まさに他力の真宗においてこそ、絶対に他と比較できない価値を有していることを忘れてはなりません。『大無量寿経』には「すべての人々が、心の底から深く信じ（至心信楽）、わたしの国に生まれたいと願い（欲生）……」という誓いが記され、「名号を聞いて信じ、喜び（信心歓喜）」と言われています。『観無量寿経』では「至誠心《しじょうしん》[3]」、「深心《じんしん》[4]」、「回向発願心[5]」と表現されています。『阿弥陀経』では「一心不乱に[6]」信ずるということが言われています。真宗の第二祖である天親菩薩（世親）は、「世尊、われ一心に（尽十方無礙光如来に帰命し[7]……）」と述べています。これらの経典が説くところは、外見上は異なっているように見えますが、実際にはすべて、一挙に迷いの世界を超える他力の堅い信心について述べているのです。

このような次第ですので、宗祖は自ら著された『教行信証』「信巻」において、三信（至心・信楽《しんぎょう》・欲生《よくしょう》）と一心との異同についてとくに懇切丁寧な解説をされたのです。いまその大まかなところを述べてみましょう。

至心といっても、信楽といっても、欲生といっても、その表現は異なっていますが、要するに有限であるわれわれ衆生が無限の大慈悲心である阿弥陀如来に対する心であります。いわゆる行者が帰依しようとする一心のことです。

いまそれぞれについて述べますと、至心というのは、誠実で嘘を言わないという意味です。衆生が仏に対する場合、当然そうでなければなりません（いつわりや不誠実なことがなされるのは、有限者と有限者とのあいだのことです。いま有限者が無限者に対するとして、仮に一つでも不誠実な点があるとすれば、無限者はすぐにそれをすべて見抜き、ほんのかけらもそれを許しません。ですから、有限者が無限者に対するときには、徹底して正直、誠実でなければなりません）。

次の信楽についてはどうでしょうか。これもまた嘘を言わない誠実な心でなければなりません。そもそもいわゆる信仰、あるいは信心というものは、もし仮に一つでも嘘、あるいは不誠実な点が混じっているとしますと、それはもう信仰や信心ではありません。すでに別の新しいものに変化してしまっていると言ってよいと思います。有限な衆生が無限の大慈悲心である仏に対するときの信楽には、ごくわずかのものであれ、どうして嘘が混じってよいわけがあるでしょうか。ですから、阿弥陀仏の広大な誓いを信じて、浄土への往生を願う心は、どうして不誠実であることができるでしょうか。

次の欲生の心についてはどうでしょうか。これもまた、有限の衆生が無限の阿弥陀仏に対し、その浄土に往生したいと願う心のことですから、どうして一点の、あるいはひとかけらの不誠実を混入させることができるでしょうか。

要するに、この三つの心は、すべて有限の無限に対する真実の心です。いささかも嘘や不誠実を含まない心です。これこそまさに、念仏の行者が阿弥陀仏に帰依しようとする一心です。それはただ帰依しようという心ですが、それが他力のふり向けられた（授けられた）心であることを知らなければなりません。それはただ他力のふり向けられた心ですが、凡夫の嘘いつわりの心ではなく、徹底的に誠実な仏心であることを知らなければなりません（儒者であれば、いささかも人間の欲望に基づく「私」というものを交えない「至公至誠」の本然の心と言うかもしれません）。それはただ仏心ですから、成仏という結果を生む原因です。そうであることによってそれは、それ本来の場所を得るということを知らなければなりません。念仏の行者が浄土に往生するもっとも大きな原因は、ほかならぬこの信心にあるのです。まさに絶対に他と比較できない最上の心と言ってよいと思います。『観無量寿経』で言われる三心、『阿弥陀経』で言われる一心などについては、いまここでは省略いたします。さとりを求める篤い心をもつ人は、ぜひとも修行の門をたたき、それについて学んでください。

註

＊1　華厳・法相・三論・律・成実・倶舎の南都六宗に天台・真言を加えて八宗という。
＊2　『大智度論』巻第一に見える表現。
＊3　真実の心、ほんとうに往生を願う心。
＊4　深く信じる心。
＊5　功徳のすべてをふり向けて浄土に生まれたいと願う心。
＊6　『浄土真宗聖典（註釈版）』一二四頁参照。
＊7　世親『浄土論』「総説分」に見える表現。『浄土真宗聖典　七祖篇（註釈版）』二九頁参照。

一八　三信が一つに帰する意味についてはほぼ聞くことができました。なぜそれを三信に区別するのかという点はまだ明らかではありません。その点に関する説明をお願いします。

〔答〕　他力の信心の意味を明らかにし、それを広く知ってもらうために、もっとも重要で鍵になる点です。まず有限者と無限者との関係について見てください。有限者が無限者に対するとき、有限者は求める者であり、無限者は求められる者です。そしてすでに求め終わったあとは、無限者は持つ者であり、有限者は与えられる者です。この二つの関係が完了したあと、無限者の指示・命令に従う有限者の働きが現れてきます。

有限――求める者　　無限――求められる者
無限――持つ者　　　有限――与えられる者
有限――働く者　　　無限――働きの対象

　このように有限者と無限者との関係には三つの段階があります。これがまさに至心・信楽・欲生という三信がなければならない理由なのです。すなわち、第一の至心は衆生（能動）の仏（受動）に対する至誠心[*1]です。第二の信楽は衆生（受動）が仏（能動）の大慈悲心を信じ、それを受けとる深信の心です（衆生は受けとるもの、仏は授ける者でありますから、仏が能動、衆生が受動です）。つまり、まさに他力の信心を獲得する段階です。第三の欲生に至りますと、深い信仰の心そのままに、阿弥陀仏の浄土（受動）に往生したいと願う心（能動）となります。他力がふり向けられることによって生じた発願心です。

　これが三心の実際のありようです。つまり、第一と第三の段階では、衆生の方が能動で、仏の方は受動です。ただ第二の信楽のみは、仏の方が能動で、衆生の方が受動です。もしこの第二段階の関係についても、衆生が能動になるとしますと、三つの段階すべてにおいて衆生が能動となり、その信仰のありようは、完全に自力の発心になってしまいます。第十九願[*2]では至心・発願・欲生ということが、第二十願[*3]では至心・回向・欲生ということが言われますが、ここでは衆生がすべて能動であり、その信仰は自力の発心になっています。ただ第十八願の三信においては中間の信楽、つまり他力のふり向けられたまことの信心があるために、前後の二つの心も、すべて融合して他力のまことの信心となり、三信すべてが他力の真の信心を成就するに至るのです（阿弥陀如来は法蔵菩薩がさとってのち、はじめて仏になったのではなく、かぎりない過去からもともと仏陀であるようなものです）。

欲生の心は信楽より起こるために他力であるというだけではありません。第一の至心についても詳しく考察してみますと、阿弥陀仏の広大な誓いの成就によってこそ、さまざまな悪を行うわれわれ衆生が、殊勝にも至心の誠を示すに至ることが了解されるのです。

三信の要点はほぼ上述の通りです。しかし、仏陀の教えの大海は深く、かつ広く、一つのしずくで尽くすことはできません。大きな能力をもつ人が、ぜひそのなかに入って探究してください。至るところに宝珠を見いだすことでしょう。

至心―自力（他力）
信楽―他力（他力）
欲生―自力（他力）

至心―自力
発願―自力
欲生―自力

至心―自力
回向―自力
欲生―自力

註

＊1　第一七節、註3参照。

＊2　「たとひわれ仏を得たらんに、十方の衆生、菩提心を発し、もろもろの功徳を修して、至心発願してわが国に生ぜんと欲せん。寿終《いのち》わるときに臨んで、たとひ大衆と囲繞《いにょう》してその人の前に現ぜずは、正覚を取らじ」。「たとえわたしが仏になることができても、すべての人々がさとりを求める心を起こして、もろもろの功徳を積み、心の底からわたしの国に生まれたいと願うなら、命を終えようとするとき、わたしは多くの修行者とともにその人の前に現れたいと思いますが、そうでなければ、わたしは決してさとりを開きません」という意。

＊3　「たとひわれ仏を得たらんに、十方の衆生、わが名号を聞きて、念をわが国に係け、もろもろの徳本を植ゑて、至心回向してわが国に生ぜんと欲せん。果遂《かすい》せずは、正覚を取らじ」。「たとえわたしが仏になることができても、すべての人々がわたしの名を聞いて、その思いをわたしの国に向け、さまざまな功徳を積んで、心の底からその功徳をふり向け、わたしの国に生まれたいと願い、そしてそのことが果たせなければ、わたしは決してさとりを開きません」という意。

一九　信と行との関係はどうなっているでしょうか。

〔答〕　仏法の修行の道では、信から行を起こし、行によってその結果としてのさとりを得るというのが普通です。他力の立場である真宗の信者は、称名念仏をその行といたします。そしてその信はすでに他力がふり向けられて生じた信心ですから、行もまた他力がふり向けられることによってなされる行であることは言うまでもありません。「朝な〳〵仏とともに起き、夕な〳〵仏とともに臥す……」（『安心決定鈔』?）。これはとりもなおさず、前に（第一二節）論じました乃至十念の称名念仏のことです。そのありようをいま簡単に述べますと、他力の立場の信者は、その信心を獲得したのちは、金剛のように堅い信仰が心の底深くに充実し、長期にわたって続き、途絶えることがありません。そしてこの堅い信仰という内面の原因は、必ず自然に外に現れ、乃至十念という行為になります。

ところで、この固い信仰が途絶えることなくどこまでも続くのに応じて、行為の方もまた切れ目なく続くのかと言いますと、それは不可能です。どうしてかと言いますと、外に現れる行いは、身体のありようにたいへん左右されるからです。もし周りの事物に引っ張られて身体がそちらの方を向くような場合、称名念仏がなされることはありません。ただ周りの事物だけでなく、内面においても、無限の過去からはかりしれないほど長い時間迷いの世界をさすらってきた習性は、現在の煩悩や妄想と結びついて、正しい思いが働くのを絶えず妨害して止まないのです。これもまた称名念仏が実際になされるのを少なくする一因です。大いなる信仰と大いなる行為とはもともと二つの翼で切り離せないものなのですが、以上で述べたような次第で、実際の場面では、さまざまな状態に変化していかざるをえないのです。

　そうではありますが、そうだからといって他力がふり向けられた信と行とに不足があると考えるべきではありません。たまたまそうであるとしても、それによって十分に自己の罪悪が深く重いことを反省し、ますます阿弥陀仏の大慈悲心の深く重いことを自ら理解すべきなのです（これと関わって機の深信《じんしん》、法の深信と言われることがあります。機の深信というのは、自分自身の罪悪が深く重いことを確信することです。法の深信というのは、広大な阿弥陀仏の大慈悲心による救済を深く信じることです。詳細は、信仰の門をたたき、そこで探究してください）。和讃で次のように言われています。

　弥陀の名号となへつつ　信心まことにうるひとは
　憶念の心つねにして　仏恩報ずるおもひあり*1

註

＊1 『浄土和讃』「冠頭讃」。「阿弥陀仏の名号を称え、ほんとうに信心を得る人は、本願を思う心が絶えることなく、仏恩を感謝する思いがつねにある」という意。

二〇 親鸞聖人が四つの法（真理）を立てられた際にも、教行信証というように行を先にして信を後にしています。いまの和讃でも称名を先に出して信心を後に置いていています。しかしこれは仏法で広く認められている信行証という順番と違うのではないでしょうか。それともこれには特別なわけがあるのでしょうか。

〔答〕 大いにわけがあります。ここにこそ他力の真のありようを示すものがあるのです。仏教で広く認められている順番というのは、理解しやすい自力の立場のそれを言ったものにすぎません。一歩前に出て、他力の立場の真のありように入れば、信と行という順番は行と信という順番に変わらざるをえないのです。

そもそも行が行であるのは、それによってさとりという結果を得ることができるからです。そうではありますが、他力の立場の信者が浄土に往生するという大きな成果を得るそのもとになる行は、行者自身の修行ではないのです。阿弥陀仏がその大きな慈悲心により、かつてかぎりなく長い時間をかけて修め終えられた広大で不可思議な、このうえない行なのです。もしこの行が成就していなかったならば、われわれ衆生は今日、どういう縁で浄土に往生するというような大きな結果を、すみやかに得ることができるでしょうか。十たびなされる称名念仏は、阿弥陀仏が、かのこのうえない行の功徳・利益を衆生の方へふり向けられたことの現れにすぎないのです。そのようなわけですから、衆生が往生するための因である大いなる行は、衆生が信心を獲得する前、かぎりない過去に、阿弥陀仏がすでに成し遂げてしまっておられるのです。衆生の方で、事情が差し迫った場合にはたとえ一回も念仏を称えなくてもかまわないというのは、まさに、そのようなことがあるからです。乃至十念という誓願の文章（第十八願）に対応する信心獲得後の行為は、はるかな昔に法蔵菩薩が修し終えられた大いなる行の反照ないし反映にすぎないと思います。なお十念の前に乃至という言葉が置かれたことについて、そこに深いわけがあることを察しなければなりません。[*1]そして乃至十念と言われる称名念仏は、信者にとっては、まったく報恩・感謝の念仏であることは、先の『和讃』で言われている通りであると知ってください。

註

＊1　第一二節参照。

二一　信心が重要であることについてはほぼ聞くことができました。しかしここに一つの疑問があります。さまざまな悪を行うわれわれ凡夫が、信心を得る一度の念仏だけで往生という事業を成就するというのは、たいへん奇妙なことではないでしょうか。もしほんとうにそういうことがあるとしますと、それはまったく因果の理法に反しているのではないでしょうか。

〔答〕　この点について二種の解釈があります。まず一方の説明を用いることにします。広大で不可思議の信心を得ると言いましたが、どの衆生もまったく同じようにこの大きな恵みに浴するのではありません。ただ過去の生において作った原因（宿善）が深く厚い人だけが、この大きな信心を獲得するだけです。つまり、深く厚い宿善という原因があって他力の大信という結果を獲得し、さらに他力の大信という原因があって浄土往生の大事という結果を成就するのですから、この因果連関の中間にはいささかも因果法則の破綻が存在しないことを知ってください（宿善をもたない人々は、決して信心を生みだすという幸福・恩恵にあずかることはできないのです)。

次に第二の解釈は仏法全体(いや宗教全体)につねに不可思議なことが存在するということから説明するものです。哲学的真理の根底に一つの大きな不可思議が横たわっているのと実質上同じことだと言われます。それはどういうことかと言いますと、哲学の領域には、有限と無限の成立に関してそのはじめに一つの大きな不可思議が存在します。どうしてこの二者が存在するのかというのが、その疑問です。有限が存在すれば、無限が存在しなければなりませんし、無限が存在すれば、有限が存在しなければなりません。どうして有限なものが存在するのでしょうか。どうして無限なものが存在するのでしょうか。一方は他方から転化したものでしょうか。もしそうだとすると、どのようにして無限から有限に転化することができるのでしょうか。あるいはどのようにして有限を転化することができるのでしょうか。この疑問は、たとえ百人、あるいは千人の明晰な哲学者が出ても、とうてい解釈することができない疑問です。

この疑問は、仏教の自力の立場では、無明《むみょう》*1が最初にどうして起こるのかという難問題になります。さらにまた、どうして無明を断じ尽くすことができるのかという難問題になります。前者はしばしば議論の対象になる問題ですが、後者もまたそれと同様に難問題であることについて一言したいと思います。さとりに至るには長期間の修行が必要であると主張するにせよ、一挙に成し遂げられると主張するにせよ、自力の修行がどのようにして無限なものをさとり終える大行（無限の行）を成就しうるのかというのは難問題です。むしろこれは決して実現できるものではありません。もし無限に長い時間を経て成就すると主張するのであれば、それは、大きなさとりが実現するときが来ないことを、無限の時間が経過したのちに来るという言葉で粉飾したにすぎません。有限の範囲内に無限を生みだすというのは、まったく不可思議と言うほかはありません。

ここで悉有仏性《しつうぶっしょう》*2という説が猛威をふるうことになります。というのも、もし一切の衆生がすべて仏性を具えているとしますと（つまり、有限の内部に無限性が包含されているとしますと）、仏性が転じて仏陀となる（無限性が現れて無限に活動する）ということには何の不思議もないからです。ただわずかの外的な機縁さえあればよいのです。飛花落葉とか、青山流水とか、そういったものがすべて十分にさとりの大きな機縁となるのです。本来あったものがただ現前するだけなのですから、どうしてむつかしいことがあるでしょうか。その通りで、悉有仏性というありがたい話は、実際に不可思議なものを断ち切って思惟可能なものにしてしまうのですが、それは一つの魔説です。少し考えてみてください。これは、一つの不可思議を取り除くのに、別の不可思議を持ち込んだにすぎません。一つの困難を取り除いて、そこに別の困難を生みだしたにすぎません。

と言いますのも、この悉有仏性というものが、そもそも大難問であるからです（有限のなかに無限があるというのは、哲学的真理の第一原理を否定してしまう自己矛盾ではないでしょうか）。この難題も理解することができると言うとすれば、いったい何が理解不可能ということになるでしょうか。しかしこれを認めなければ、すぐに先の難問に投げ返され、困窮してしまうことになります。まさに進退きわまったと言うべきではないでしょうか。いえ、進退きわまったのではありません。われわれの世界観というのは、どこかに必ず一つの不可思議を許容せざるをえないのです。強いてこの不可思議を除こうとするから、このように進退きわまるのです。

他力の立場にも不可思議はあり、それは自力の立場のそれと異なるものではありません。衆生（有限）が往生する（無限に達する）という事業を成就するのは、阿弥陀仏の他力による不可思議な摂取（衆生をおさめとり救済しようとすること）に出会うからです。これは実に不可思議な幸福であり、喜びです。この不可思議を認めないで、信心を生む（無限な原因を獲得する）原因を遡って求めようとしますと、過去においてそれの基となる行いが蓄積されたからと言うほかはありません（悉有仏性というように、われわれの心性に無限性を付与するのではなく、きわめて長い時間のなかで多くの生を流転するあいだに無限な原因を集積したと考えるのです）。しかし、これも一応その通りであるように見えますが、よく考えてみますと、とうてい役に立たないごまかしの説であることが分かります。つまり、きわめて長い時間のなかに存在した過去の世において善いものを生みだす無限な原因を集積したとしても、無限な時間というのは、現在においてすでに経過し終わったと言うことはできません。未来にわたってなお無限でなければなりません。つまり、往生の真の原因である信心（無限な原因）を獲得するのにつりあう善い原因というのは、未来にわたっても無限な時間を経過するのでなければ、生みだすことができません。過去、あるいは現在において、このような境遇に立ち至った人というのはありえません。これは、これまで踏まえてきた命題に背反、ないし矛盾するのではないでしょうか。信心獲得の原因を過去・現在に求めたわけですが、それは過去・現在にその原因が存在しえないことを証明しただけです。そのような次第ですから、われわれは結局、不可思議が存在することを認めざるをえないのです。そしてこの許容はただ他力の立場だけにあるのではありません。自力の立場でも同じことが認められなければなりません。それだけではありません。哲学的真理の根底に一大不可思議を認めざるをえないのです。論難する人は諦めざるをえません。

註

＊1　われわれ人間の根底にある根本的な無知のこと。仏教の中心思想である十二支縁起の最初に置かれている。

＊2　一切の衆生がすべて生まれながらに仏となりうる可能性をもっているということ。『涅槃経』に説かれている。

二二　信心獲得という区切りがついたあと、そこにどういう風光があるのでしょうか。

〔答〕　信心を獲得することによって得る利益というのはきわめて多いわけですが、それをひとまとめにして言うとすれば、宗教の目的を達成して、信者の心のなかに一大安心が生まれてくるという点にあると言うことができると思います。信心が生まれることによって感情も起こってきますが、それは歓喜の心です。『大無量寿経』で「その名号を聞いて、信心歓喜する」[＊1]と言われているのが、それです。この歓喜の心がいったん生じますと、それは永く継続して絶えることがありません。それは、仏恩を思う心が持続し、絶えることがないのと同様です。この歓喜の心がさまざまな場合にさまざまな仕方で現れ、信心獲得の一生を悠々楽しませてくれるであろうことを推察してください。

しかしこの歓喜の心もまた、途絶えるということがないわけではありません。報恩・感謝の称名と同じく、間が空いたり、入れ替わったりせざるをえないのです。その理由も報恩・感謝の称名の場合と同じです。つまり、はかりしれないほど長い時間迷いの世界をさすらってきた習性が惰性となって圧迫してくることによるのです。しかしもし煩悩がその勢いを弱め、正しい思いがふたたび力を回復したときには、つねにこの歓喜の心がさかんな勢いで起こってきて、あたかもすでに極楽にいるかのような思いを信者に抱かせるのです。あるいは自分がすでに仏陀であるかのような思いを抱かせるに至るのです。

「心は浄土に住み、遊ぶ」[*2]……

「信心を喜ぶその人を、如来と等しいと誉められる」[*3]

……これらによっても証拠立てることができます。

しかしここで注記すべきことがあります。ほかでもありません。信心が堅く定まった行者でもすぐに完全に仏陀となり、つねに浄土に住むわけではないということです。かの大きなさとりを得た大丈夫〔釈尊〕もまた、さとったあとの修行が完成しないあいだは、生身の仏陀ではなかったのと同様です。ですから、真宗の念仏の行者も、その信心が実に金剛の堅さを保持しているとしても、もし煩悩がもつれて起こり、よこしまな思いが強くさかんになるときは、悪魔や異端・邪説の徒に似ていないとは言えないのです。ああ、恐ろしいことです。

「貪りと瞋りの煩悩は〔しばしば起こるが〕、真実の信心はそれらによってもさまたげられない。転倒した妄念は〔つねに絶えないが〕[*4]……」

信者であるものは、このような場合に遭遇すれば、すみやかに心身を安静にし、よくよく慎みを深くし、恐れ戒めなければなりません。

註

＊1　『大無量寿経』「巻下」冒頭の文章中の一節。

＊2　親鸞「帖外和讃」九に、「超世の悲願ききしより、われらは生死の凡夫かは、有漏《うろ》の穢身《えしん》はかわらねど、こころは浄土に住みあそぶ」とある。

＊3　親鸞『浄土和讃』の「弥陀和讃」八の一節。

＊4　第一五節、註3参照。

二三　証とは必至滅度《めつど》である（第十一願成就）とはどういうことでしょうか。

〔答〕　証とはさとりという結果のことであり、「証とは必至滅度である」というのは、真宗念仏の行者の最後の究極目的は、必ず滅度[1]（大般涅槃《だいはつねはん》[2]）に到達することであるということを言ったものです。これは阿弥陀仏が四十八願のうちの第十一願で誓われたことです。その文では次のように言われています。「たとひわれ仏を得たらんに、国中の人天《にんでん》、定聚《じょうじゅ》に住し、必ず滅度《めつど》に至らずは、正覚を取らじ」[3]。つまり、これまでのところで説かれた信と行とによって、阿弥陀仏の国に往生した人と天（神々）とが定聚の位に住み、必ず滅度に至らなければ、決してさとりを開きませんという意味のことが言われています。この誓願の文章はきわめて簡単で短いのですが、そのなかに多くの問題があります。（1）人天とは何か、（2）定聚とは何か、（3）滅度とは何か、（4）定聚と滅度との違いは何か、〔（5）即得往生とは何か、（6）不退転とは何か〕といった問題です。ここに挙げた四つの問題は、そのなかでも目立った問題です。

（1）「国中の人天」と言われていますが、それは結局この二つを挙げて、いっさいの衆生を表したと言えます。阿弥陀仏の国の住民はすべて、その内面のさとりにおいては阿弥陀仏と同一の仏陀であり、どの住民もすべて平等で、そのあいだに違いはありません。しかしそれまでにいた故郷に従い、あるいはまた、浄土を美しく飾るため等々の因縁によって、あるものは菩薩、あるものは声聞、あるものは人、あるものは天など、種々の違いが生じます。『大無量寿経』にも「ただ他の世界の習慣に従って、天とか人とか呼ぶにすぎない」[*4]と言われています。これらの点についての究明は、いまここで詳細を尽くすことはできませんから、省略いたします。要するに、人天という二字に深く拘泥すべきではありません。

（2）　定聚は、あるいは正定聚《しょうじょうじゅ》とも言いますが、まさに大涅槃という結果を得るように定まった人々の集まりという意味です。邪定聚《じゃじょうじゅ》や不定聚《ふじょうじゅ》に対して、もっともすぐれた地位です。『大無量寿経』で次のように言われています。「仏、阿難に告げたまはく、「それ衆生ありてかの国に生まるるものは、みなことごとく正定の聚に住す。ゆゑはいかん。かの仏国のなかにはもろもろの邪聚および不定聚なければなり」[*5]。不定聚とは、さとりという大きな結果を得ることが決まっていない者のことです。また邪定聚とは、さまざまな迂回をした上で、ようやくさとりという大きな結果に到達する者のことです。それに対して正定聚とは、すみやかにまっすぐにさとりという結果を獲得する者のことです。

ここに一つの疑問が生じます。このように正定聚はすみやかにまっすぐに大きなさとりという結果を獲得すると言われるわけですが、その「すみやかにまっすぐに」というのはどういう意味でしょうか。開祖親鸞聖人の教相判釈[*6]では、命の終わるとき、まっすぐにと言われています。これによって、現世に正定聚となる原因がある、つまり、他力真宗の念仏の行者は信心を獲得するやいなや、現世において正定聚の地位に住むということが言われているのです。ところが経典ではまた、「即得往生、住不退転（すなわち往生することを得て、不退転に住す[*7]）」と言われています。この不退転というのは、ふたたび迷いの世界に後戻りしない地位ということであり、先に言った正定聚のことです。「不退転に住す」の上に「すなわち往生することを得て」と言われているために、浅薄な眼をもつ人は、往生したのち、かの浄土において不退転に住するのだというように解釈します。前の誓願の文章でも「国中の人々や天界の神々が定聚に住さなければ……」と言われていますが、この文章も、かの浄土から後戻りしないことだとされます。もしそうだとしますと、現世で正定聚であり、現世で不退転である証拠はどこにあるのかということになりますが、これは一大問題です。

　断固として申し上げますが、「即得往生」という一句をよくよく読んでください。もし衆生が信心を決定して、即座に命を終え、ただちに浄土に生まれるのであれば、「即得往生」には特別な意味は何もありません。しかし事実が決してそうではないことは言うまでもありません。信心を獲得して以後も、だれもかれもすべてがみな、この現実の世界に留まるのです。ただ千や万にあるいは一人、信心を獲得すると同時に臨終を迎える人があるにすぎません。あるいはまた信心の獲得は必ず臨終の一瞬に限定されるとしますと、その場合も、「即得往生」には特別な意味は何もないでしょう。しかし、経典の文章にそのような制限を見いだすことができないだけでなく、道理の上でもそうでなければならない根拠はありません。以上をもとに考えてみますと、「即得往生」というのは、信心を獲得した行者が、その信心を決定するやいなや、浄土に往生することができるという大きな利益を獲得し終わったということでなければなりません。そして「得」という字の意味もまた、このことにぴったり一致します。しばしば「うべきをえてんずる*8」と言われますが、まさにこのことです。

　この大事を成し遂げたあと、この現実の世界で生きているあいだは、人間でもなく、また、まだ仏陀でもありません。まさに正定聚、不退転の地位の住人なのです。これが平生《へいぜい》業成《ごうじょう》*9ということの大まかな意味です。平生業成とは、われわれ凡夫が臨終を待たず、平生の生活のなかで往生という事業を成就してしまっていることです。その詳細については信仰の門をたたき、探究してください（有限と無限との関係でこのことを言い表しますと、有限はいったん無限に対する関係を知り、会得するならば、もはやそこから翻って、有限が孤立して存在しているという考えに逆戻りすることができません。主伴互具[*10]の関係が静かで不動であるというのが、不退転ということの正しいありようです。どうして来世を待つ必要があるでしょう。現世においてすみやかにそのありように達するというのは当然のことです)。

(3) 滅度というのは、前に言いましたように、大いなるさとりであり、真宗念仏の行者がめざす究極の目的です。そしてこの滅度は仏の世界の不可思議に属するものであり、それが何であるかは有限で愚かな凡人が推測できるものではありません。しかしそれは、いわゆる阿弥陀仏と同等の円満なさとりであり、慈悲と智恵とを完全に具えた究極の成果です。それはそうであるとしても、ここに小さな疑問が生じます。阿弥陀仏はまさに諸仏のなかの王であり、光明のなかのもっとも尊いものであり、この上なく尊いさとりの本体です。ところが愚かで無知な凡人たるわれわれ衆生が、たちどころにこの上なく尊い仏と同等の円満なさとりに到達するというのは、あまりにもその分を超えたことではないでしょうか。これがその疑問ですが、それには一応根拠があるように見えます。しかし、それは実際にはまったくの誤謬に基づいたまちがった主張です。阿弥陀仏がこの上なく尊いということには、もちろん議論の余地はないと思います。しかし、このように諸仏のなかの王、光明のなかの尊い存在と主張するのは、相対的な議論の上でのことです。もし内心のさとりという絶対なものについて言えば、仏と仏とは平等であり、そこに決して等級上の差異があるはずはありません。いまわれわれが往生のときに即座に阿弥陀仏と同じ円満なさとりを開くというのは、この平等の観点においての話です。もし相対・差別の観点に立てば、さまざまな差別があるでしょう。因と縁があるところでは、もちろんかなりの区別があるはずです。しかし、このような差別が内心の大きなさとりに影響を与えるということは少しもないのです。

さらにこの大きなさとりそのものについてよく考えてください。始覚[*11]と本覚[*12]とは結局同じであり一致すると言われますが、はじめてと思ってさとってみると、思いもよらず、かぎりない過去からいまに至るまで本覚は増えもせず、減りもせず、明々白々、つねにあり続けていたという光景に出くわすことになります。いわゆる本来の面目というのはこのことです。この本覚、この面目について言えば、あちらとこちら、あの人とこの人で違いがあるはずがなく、すべて同一平等で、区別がありません。このことを言い表して、「衆水海に入りて一味なるがごとし[*13]」と言われています。ただ衆生がこの大きなさとりにすみやかに至るというので、このさとりに疑いを差し向けるというのは、まだ阿弥陀仏の本願の働きが絶大で卓越したものであることをよく理解していないからです。そのような疑いは、どうして論じるに値するでしょうか。

わたくしはかつて、必ず滅度に至るという大きな結果のことを考え、ひそかに想像したことがあります。つまり、阿弥陀仏の広大な誓願が原因となって引き起こす働きと力とは、燃えさかる火炎のかたまりのようなものではないかと思ったのです。前世で善業を積んだ人に対して、その火炎は、あたかも流れる泉の水で湿った薪材に触れるかのように、激しくその全体を熱するのですが、しかしまた途絶えることなく水が流れ込み、それを冷やし、湿り気を与えます。そのために、ただ冷と暖とが交互に現れるにすぎません。しかし、もしいったん命を終えるに際して、泉の源がふさがり、水が流れ込むのが止まったとしますと、燃えさかる炎がたちまち薪材全体を焼き尽くしてしまいます。火が燃えさかって、あれとこれとの区別をなくしてしまうわけです。このことと、区別や差別のない大きなさとりが成就するということとのあいだに、似た点があるのではないかと想像したのです。この比喩はまことに稚拙なものですが、ひょっとして真実をすみやかにさとるという事態の一端を推察するのに役に立つかもしれません。あえてよけいなものを付け加えた次第です。

（4）「正定聚に住する」、あるいは「必ず滅度に至る」ということのおおよそは、以上二つの節で略説した通りです。この両者はともに信心から生じる利益で、一方は現世に属し、他方は来世のことです（ところが、両者ともに来世における同一の利益であるとする、一益の教説というまちがった説があります。好学の士はぜひその問題について考えてみてください）。両者のうち一方が現世に属し、他方が来世に属すというのは、どうしてもそうでなければならないところであり、それに関してためらいを覚えるようなことはないように思われるのですが、しかし、経典の文言に拘泥して、二つの利益がともに来世にあると考える立場（二益の教説の立場ですが、この二つの利益を現世ではなく、来世に考える立場）を取る人がないとは言い切れません。それで、その点について少し論じておきたいと思います。

そもそも信心を得るというのは、どの世での出来事でしょうか。もちろん現世においての出来事です。その場合、現世の最後、つまり命が果てる臨終のときに限るという制限がないことは、前に述べた通りです。したがって、現世において時を選ばず、いつでも信心を得ることができるはずです。もしすでに信心を得たとすれば、そこにまず最初の利益の獲得がなければなりません。かの正定聚、不退転というのは、まさにその利益であるはずです。別の言葉でそのことを説明しますと、孤立した存在としての有限がはじめて無限に対する関係を認識したとき、それまで抱いていた孤立存在という観念を捨て、〔すべての存在が互いに関係しあって一つの全体を構成するという〕有機組織の観念をもつに至ります。これは歴然とした最初の段階の変化です。そしてこの新しい観念が決して消滅することなく、永く継続して変わらないことはもちろんです。これこそまさに正定聚ということとであり、不退転ということではないでしょうか。そしてこのときまさに命を終えれば、ただちに大般涅槃というこの上ない結果を得るわけですが、これは偶然の一致にすぎません。もし信者がなお現世で存命であれば、そのあいだは前に言った正定聚、不退転の地位にいつづけるわけです。つまり、なお苦悩に満ちた現実世界の仮名人《けみょうにん》*14でありつづけるわけです。そしてまさに命を終えるときに至って、はじめて大般涅槃という究極の結果を得るのです。これはさらに一段上の利益を得たということではないでしょうか。そしてそれは必ずそうでなければならないのです。別の言葉でそのことを説明しますと、有限と無限との関係が顕わとなり、有機組織という観念がすでに明白になったとしても、前世の所業はどうしようもなく、その影響を受けた意識が有限の状態から完全に脱却させないというようなことが起こります。これは、言わば有限を表とし、無限を裏とするような地位だと言えます。つまり先に言った正定聚、不退転です。ところが、前世の所業の報いが尽き、有限な状態もなくなってしまいますと、無限の状態がいきなり表面に現れ、有限の状態が裏面に深く潜伏します。これが大般涅槃という結果です。このような結果があるということも必然のことではないでしょうか。

このように信心の獲得と、命を終えるという二つの事情があるために、その利益の獲得ということも、現世と来世の二段階にわたらざるをえないのです。どうして一益というまちがった説に迷う必要があるでしょうか。また来世に二益があるという妄説に惑わされる必要があるでしょうか。

以上を踏まえて[*15]、さらに経典を開き、調べてみますと、この関係をいっそう明らかにしうる個所を見いだすことができます。まず「即得往生、住不退転」という文章を見てください。これは第十八願の成就を説いた文章ではないでしょうか。第十八願は主として、あらゆる衆生が仏を信じるに至る因と縁とを願ったものです。そしてその成就の文章に、不退転の利益があるということが言われています。これは現世における不退転以外のものではありえません。

さらに進んで第十一願の文章を見てみますと、ここにもまた、たいへん理解しがたいというものはありません。かの「国中の人天」というのは、阿弥陀仏の国の人と天になるはずのものという意味です。阿弥陀仏の国の人天となるはずのものは、現世では正定聚に住しているこ とはもちろんです。そのさとりの結果が必ず滅度に至るのでなければ、わたくしは正しいさとりを開かないということが言われているのです。もし現世で正定聚に住する暇がなく、臨終の際に信心を獲得する人は、ただちに大いなる涅槃に至るわけですが、実際には、正定聚の利益をもあわせて滅度に至るのだということが言われていると言ってよいでしょう。第十一願という一つの願のなかで正定聚と滅度とがあわせて誓われているのは、そのためだと考えられます。なお第十一願成就の文を訓読すると次の通りです。仏、阿難に告《つげたま》はく、「それ衆生のかの国に生ずるあらんものは、みなことごとく正定の聚に住せり。所以は何となれば、かの仏国のなかには諸々の邪聚および不定聚たりしものなければなり」。

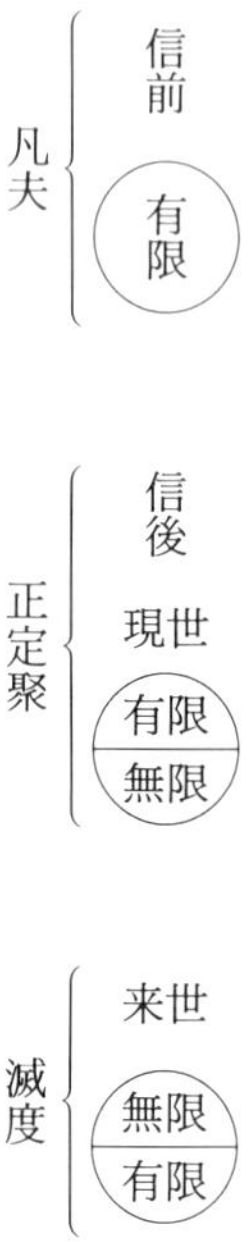

註

＊1　さとり。ニルヴァーナ（煩悩を吹き消すこと）の訳。涅槃とも訳す。
＊2　すぐれて完全なさとり。小乗の立場のさとりに対比して言われる。
＊3　第六節、註8参照。
＊4　『浄土真宗聖典（註釈版）』三七頁参照。
＊5　「釈尊が阿難に告げられた。「さてさて、阿弥陀仏の国に生まれる衆生はすべてみな正定聚に入るのです。どうしてかと言いますと、かの仏の国には邪定聚や不定聚のものがいないからです」の意。『浄土真宗聖典（註釈版）』四一頁。

＊6 仏教の思想家が自らの視点から、さまざまな教説を分類し、体系化するとともに、それぞれの教説の価値を論じ、仏教の本質を明らかにしようとすること。
＊7 『大無量寿経』巻下の冒頭で、「仏、阿難に告げたまはく、「それ衆生ありてかの国に生るるものは、みなことごとく正定の聚に住す。……かの国に生れんと願ずれば、すなはち往生を得、不退転に住せん」」（『浄土真宗聖典（註釈版）』四一頁）と言われている。
＊8 親鸞『一念多念証文』に、「「歓喜」といふは、「歓」は身をよろこばしむるなり、「喜」はこころによろこばしむるなり、うべきことをえてんずと、かねてさきよりよろこぶこころなり」（『浄土真宗聖典（註釈版）』六七八頁）という文章がある。「獲得すべきものを必ずや獲得し終えているであろう」という意。
＊9 日常の生活のなかで浄土に生まれるための原因となる業がすでに成し遂げられていること。『現代語訳 他力門哲学骸骨』四三「正定不退」、一二三頁参照。
＊10 第一五節、註4参照。
＊11 教えを聞いてはじめて得られるさとり。
＊12 人間に本来具わっているさとり。
＊13 「さまざまな水も、海のなかに入れば同じである」という意。『教行信証』「行巻」の

最後に置かれている「正信偈」の一節。

＊14　仮の、つまりまだ仏としての実体のない存在としての人間。

＊15　この段落の前に実線が引かれ、上欄に「以下削る」という但し書きが記されている。

原文

目次

二一　信心の重要なること略聞くを得たり。然るに茲に一疑あり。悪逆の凡夫が獲信の一念に往生業事を成弁すると云ふは、豈甚だ怪事ならずや。若し果して然ることあらんか、是れ全く因果の理法に背反するものにあらずや。　100

二二　獲信の段落によりて如何なる風光かある。　103

二三　証とは必至滅度《めつど》（第十一願成就）とは如何。　104

一　仏陀と因果

仏陀も因果を動す能はずと聞く。阿弥陀仏も願行（因）成就（果）の軌に従ふと云ふ。然らば仏教に於ては因果を以て最上無上の法となすや。

曰く。因果は相対界の理法なり、豈《あに》絶対ならんや（〔欄外注記〕宗教哲学骸骨参照すべし）。仏陀（特に阿弥陀仏）は其本体固より絶対なりと雖ども、其衆生に対する場合、或は現に衆生界（相対界）に化現せる場合に於ては、亦相対界の理法に順従せざるを得ず。久遠実成《くおんじつじょう》の阿弥陀仏も衆生済度の為には相対因果法に依らざる能はず。故に殊に法蔵比丘となり無上不思議の因源果海を垂れ玉ふ。阿弥陀仏のみならず、他の一切諸仏も亦同じく因位願行の成就によりて各《おのおの》度生《どしょう》し玉ふなり。是れ仏教に於て報身仏《ほうじんぶつ》の重切なる所以なり。是れ真宗に於て久遠十劫《くおんじっこう》両仏中特に十劫正覚に就て済度《さいど》の教ある所以なり（久遠仏は絶対仏、十劫仏は相対仏也）。夫れ此の如くなるが故に仏教に於ては因果は最も重要の理法なり。然れども無上絶対の法にはあらざる也。

二　仏陀の存在

仏陀は仏教の根本観念なるべし。然るに現実に其観念の如き実体存在すること甚だ認了し難し。証明如何。

曰く。人間を以て万物の霊長と認むるものは仏陀を発見すること能はざるべし。然れども人間が霊長なりと云ふ証明ありやと云ふに、決して之あることとなし。若し理論に就て求むれば、吾人の不完全なること容易に証明し得可し。知至らざる所あり、能及ばざる所あるを以て考ふ可し。然るに此不完全中に勝劣上下あること亦瞭々たり。此等の事実より推究せば、吾人々類より遥に優等なる霊物あること粗《ほぼ》想見し得可きなり。而して又更に吾人々類のみならず、一切の生類（衆生）（或は無生類も）皆開発進化の物体なることを合《ごう》揉《じゅう》し来れば、下等の生類は次第に上等に進化し、吾人々類も亦次第に優等界に開発すべきを知る。此の如き開発進化は何底に達して止るべきや。理論上に於ては無限の開展を許さゞるを得ず。果して然るか、此無限開発の体即ち是れ仏陀なり。更に転じて依立独立の観念よりせば、独立の絶対存せざる可からざるを知らん。此独立の絶対は是れ即ち仏陀なり（〔欄外注記〕骸骨参照すべし）。

三　無限と心霊《パーソナリチー》

独立無限の存在は之を領す。然れども是れ非心非霊のものにあらずや。而して仏教所説の仏陀は常に心霊たるが如し、如何。

曰く。独立無限は無限の性能を具せざる可からざること言を待たず。其心霊的性能を完備すること勿論ならずや。且つ思へ、吾人々類すら心霊的のものならずや（其心霊は有限劣等なるにもせよ心霊なり）。然るに最上優等の独立無限、豈非心非霊なりと云ふ可んや。否独立無限こそは真に完全無欠の心霊たる可けれ。然れども偏頗邪悪の心霊にあらず、悲、智円満の心霊なり。

四　自力と他力

安心の道に自力他力の両門あり。然るに独り他力門を勧るは如何。

曰く。勧る所は漫に他力門と云ふにあらず。他力門中の他力門、即ち阿弥陀如来の摂化《せっけ》弘誓《ぐぜい》に帰命するの一途なり。骸骨に論ずるが如く、自力門にあれ、他力門にあれ、悟道の時限に於ては、二門各頓極頓速の一念成就より三大僧祇《そうぎ》の永劫まで、其差別実に無限の不同あり。而して緩漫なる長時の間には退転堕落の患多きが故に、能《よく》すべくんば極速の捷径を取るべきこと論を待たざるなり。然るに自力の途に於ては、自己の仏性開発を基趾《きし》とするが故に、必ずしも極速の円覚を期し難し。或は極遅の開悟を漸達するにあらん。是れ豈《あに》不安の道ならずや。而して他力門に於ても其帰する所の仏威に依て、或は漸悟の恵を受るに止るあらん。然れども弥陀の弘誓は決して然らず。其威徳最勝にして其悲智極円なり。一念帰命の立所に不可思議の仏因を満せしめ、現生命終《みょうじゅう》の無間《むけん》に安養浄界の往生を遂げしめ玉ふ。是れ豈大安慰の途にあらずや。心を仏法に傾け念を正覚に懸るもの、誤て大利を失する勿れ。

五　弥陀の弘誓

他力門中の他力門、略《ほぼ》命を聞く。之を弥陀の弘誓と称する如何。

曰く。弘誓とは弘く一切衆生を済度せんとの誓願なり。抑《そもそも》仏道修行の人士は彼の一種我儘流のもの（声聞縁覚《しょうもんえんがく》之を二乗と云ふ）を除くの外は、皆自利々他の心情よりするものなり（菩提薩多《ぼだいさった》、或は単に略して菩薩と云ふ、大心有情の義なり。大心とは自利と利他との二心を完ふするを云ふ。有情とは情識、即ち心霊を有するものと云ふ義なり）。之を願作仏心《がんさ》（仏に作んと願ふ自利心）、度衆生心（衆生を済度せんとする利他心）と云ふ。此二心は共に願望心にして、其至切なるや終に誓願心となる。而して諸仏中の王たる阿弥陀如来の利他心は自利の全体を賭物として、一切善悪の凡夫惑染逆悪謗法闡提《せんだい》の徒に至るまで、一も漏さず度し尽さんとの大誓願なり。故に名て弘誓と云ふ。是れ極尊の仏陀に必存せざる可からざる所にして、亦他仏の完具する能はざる所なり。故に弥陀と云はゞ弘誓々々と云はゞ弥陀と解しても可なり。或は誓願不思議、或は願力不思議等と云ふも皆同一なり。仰て信受すべきなり。

六　誓願の顚末如何。

曰く。誓願の詳細は門に入りて考究せずんば明領し難かるべしと雖ども、今其概略を述べん。抑阿弥陀如来は其本久遠実成の古仏にして、諸仏の本師本仏（本師本仏の詳義別に考求すべし）、仏陀中の元祖なり。常に無縁の大悲に促されて度心遣る方なく、茲に一大方便により現じて法蔵比丘となり、第五十四仏（世自在王仏）の所に於て発心立誓し、非常の修行成就して遂に吾人往生の大途を開き玉へり。今其経文を略挙せば左の如し。

時有国王聞仏所説云々
設我得仏　十方衆生　至心信楽欲生我国　乃至十念　若不生者　不取正覚　唯除五逆
誹謗正法
於兆載永劫　積植菩薩無量徳行　不生欲覚瞋覚害覚　不起欲想瞋想害想云々

而して誓願項数総じて四十八願、皆度衆生の為ならざるはなし。法然上人之を概説して曰く（選択集の文）。而して親鸞聖人之を摂接《（摂取？）》して四法を建立し玉ふ。教行信証是なり。其教は大無量寿経、行は南無阿弥陀仏（十七願成就）、信は三信一心（十八願成就）、証は必至滅度（十一願成就）なり。他力真宗の綱領尽して此四法に在り。仰て奉持すべし。

七　諸経を措て大無量寿経を取るは如何。

曰く。他経は皆是れ自力門の経なるが故なり。

八　仏一代四十八年所説其経甚だ多しと聞く。而して無量寿経の外他は皆自力門の経なりとせば、仏出世の本懐は自力の開悟を勧むるものにあらずや。

曰く。固より自力の開悟を欲するものは其途に従ふべし。経文の多少に遅疑すべからず。自他力二門の取捨に就ては先に論ずる所判然たり。若し夫れ仏出世本懐の論に至りては、乞ふ茲《ここ》に略論せん。大無量寿経曰、

今日世尊、諸根悦予し姿色清浄にして光顔巍々《ぎぎ》とまします。明なる浄鏡の表裏に影暢ずるが如し。威容顕曜にして超絶し玉へること無量なり。未だ曾て殊妙なること今の如くましますを瞻睹《せんと》せず。乃至　何が故ぞ威神光々たること乃爾《いましか》ると。乃至　仏（釈迦仏）の言く、善き哉や阿難問ふ所甚だ快し。乃至　如来無蓋の大悲を以て三界を矜《こう》哀《あい》し世に出興する所以は、道教を光闡《こうせん》して群萌を拯《すく》ひ、恵むに真実の利を以てせんと欲してなり。乃至　阿難諦聴せよ、今汝が為に説ん。対《こたえ》て曰く、唯然り。願楽して聞んと欲ひ上《たてまつ》る

と。而して所説何事ぞ。弥陀の因源果海、願行成就の外なし。是豈釈迦仏出世の本懐全く

此経説に在るの自証にあらずや。尚観小二経に亘りて此義を討究すれば、覚へず首肯する所あるべし。今之を略す。有志之士門に入りて之を問へ。

九　観小二経とは何ぞや。

曰く。観無量寿経（略して観経と云ひ）、四紙阿弥陀経（称して小経と云ふ）、共に大無量寿経（略して大経と云ふ）の附帯経なり。其所説は大経中の一分を開展布衍したるものに過ぎず。故に大無量寿経を挙れば二経は従て摂在するなり。然れども宗義考究の為には此の二経は大経を反照して甚重要なる趣味あるものとす。中に就て観経は諸行に対して念仏の功能を顕揚し、小経は唯念仏の一行を挙て其大善根福徳の妙因たるを称讃す。而して共に転じて大経純他力の法門に帰入せしむるもの、実に大経と並て宗門の妙典たるなり。仰て尊誦すべし。

一〇　行とは南無阿弥陀仏（十七願成就）とは如何。

曰く。凡そ一定の事を成さんと欲せば（発願）之に応ずる勤労（修行）なかる可らず。

仏道に於ても亦然り。願、行具足して云々、初て証果に達するものとす。今弥陀大悲の摂《せっ》化《け》に於ても、衆生が安養界に往生せんと願ずる、豈行なくして可ならんや。此に依て阿弥陀如来は自己の名号を以て衆生往生の大行と為し玉ふ。即ち正しく衆生摂取を誓ひ玉ふ第十八願に乃至十念と願じ玉ふは、何を念ずるやと云ふに、全く南無阿弥陀仏の名号を称するに外ならず。此の如く南無阿弥陀仏の名号は、衆生往生の大行なるが故に、行は南無阿弥陀仏と云ふ。而して此名号は第十七願に於て十方諸仏悉く咨《し》嗟《しゃ》して我名を称せずば正覚を取らじとありて、大悲を衆生に伝へ玉ふ導器なり。乃ち此願の成就に応じて十方の諸仏は皆悉阿弥陀の名を称揚讃歎し玉ふなり。釈迦仏の無量寿経を説き玉ふ亦是なり。衆生は此称讃を聞て、即ち大悲の存在を領納することを得。是れ全く第十七願成就の賜なり、他なし。

一一　願行具足して証果を成ずるは可なりと雖ども、是れ自力門の教相にあらずや。而して今純他力門に於て大行ありとは如何。

曰く。善哉問や。乞ふ一喩を挙ん。珠玉の価千金なるありとせんか、之を購んと欲するものは勤労以て千金を積まざる可からず。然るに茲に富人あり、彼を憫て云く、我に帰服せば直に千金を以て汝に投与せん。其人忽ち帰服して千金以て珠玉を購ひ得たりとせんに、此千金依然千金たりと雖ども、全く自力勤労の成果にあらざるなり。我等衆生が無始の迷惑を断じて大覚円満の仏果に至らんとする、豈大行なくして可ならんや。南無阿弥陀仏は正しく其大行なり。然れども是れ衆生の自力に成れる行にあらず、全く大悲廻向の賜なり。第十七願成就により十方諸仏が弥陀の名号を称讃し玉ふを聞て、之に信順する一念の立所に如来大悲の願行を一身に受領するや、思内にあれば行外に現はるゝ風情に、乃至十念の称名念仏、是即ち往生の大行たるなり。

一二　乃至十念の称名念仏とは如何。

曰く。乃至とは多少を限らざる言葉なり。十念より多くとも少くとも可なるを、乃至十念と云ふ。経文或は乃至一念ともあり（成就の文）。十念の念は念仏なり。念仏に実相の念仏、観想の念仏、等あり。今は夫等と差別せんが為に称名念仏と云ふは、南無阿弥陀仏と口頭に称揚するを云ふなり。此念仏一返にても、二返にても、乃至十返、百返、千万返、尽形にても可なりとの意を、乃至十念と云へるなり。蓋し大悲の摂化に遇ひ奉りて信心歓喜の輩、其事情に依りて一返、二返、乃至一生涯、南無阿弥陀仏を称揚して報恩の誠を表するを、乃至十念とは言ふなり。

一三　乃至十念は往生の大行なるや、或は報恩の経営に過ぎざるや。

往生の大行と報恩の経営と全く符合するを以て、乃至十念の正意とす。左に其概要を述ん。先づ彼の千金珠玉の喩〔に〕就て見るべし。富人の千金を恵与せるは、以て珠玉を購ひ得させんとするなり。而して受者の之に対する報恩は乃ち如何。素貧の身固より一物の以て謝すべきなし。彼富人も亦一物を欲することなし。唯受者をして其意中の宝珠を得せしめたきのみ。然らば則ち受者たるもの、其千金を以て彼の珠玉を購求して歓喜愛賞せば、是れぞ則ち施主の恩義に報ずるなり。施者亦此を見て無上の満足あらん。今弥陀他力の念仏は何の為ぞと云ふに、以て衆生をして往生の珠玉を得せしめんとするにあり。衆生は則ち南無阿弥陀仏の真意を受領して信心歓喜し、弥陀誓願の指命に随順して、乃至十念以て往生を決定せば、是ぞ則ち正に大悲弘誓の大恩を報謝するものなり。夫れ此の如くなるが故に、往生の大行が即ち報恩の経営と全く符合するものなり。

一四　報恩の経営と往生の行業と符合せざることなきや。

答。必ずしも無しとは云ひ難し。是れ真宗に於て一大問題の存する所なり。今其概要を云へば、往行と報謝と符合するが他力門の真相なり。若し夫れ二者相別離せば、是れ念仏門中の自力門（即ち二十願）にして、他力の念仏を以て自力の功能と為し、其念称の数量（遍数）に応じて、高下の果報（九品等）を得んとするものなり。此門に於ては往生の高下は全く自家奮励の多少にあるが故に、只管《ひたすら》行業の積集を求むるのみ。何ぞ報恩経営の余地あらんや。故に此門の行者は奮勉策励、昼夜幾万遍の念仏を称ふる。其外見最も殊勝なりと雖ども、其実未だ大悲弘誓の真相に達せざるものなり。是れ何辺より来れる誤なるや。他なし、大悲弘誓純他力の不可思議を堅信する能はずして、尚自家昧劣の微功に眷々《けんけん》たるが故なり。若し夫れ真正の純他力門に入れるものは、信後の称名、全く憶念心の煥発による報恩謝徳の経営にして、其往生の大行たるは、蓋し如来の誓願、此念仏を以て衆生往生の券証と為し玉ひたるが故、然《しか》く名づけたるに過ぎざるなり。決して其念称の多少によりて往生の一段に影響することなきなり。若し事情極迫の場合にありては、よし一回の口称に発せざるも、心に南無阿弥陀仏往生之業と堅信すれば、業事全く成弁するものなり。

一五　報恩の経営は不断相続するものなるや、将《はた》間歇的のものなるや。

答。堅信より起る自然の表果たる報謝の念仏は、不断的なるべき筈なり。然るに茲《ここ》に考ふべきこと、過去の慣習なり。彼の墜石が一旦他力に支へらるゝと雖ども、尚従前の惰勢を以て圧下するが如く、金剛信の無間に憶念不断心は発すと雖ども、無始以来迷倒の習性（衆生貪瞋煩悩中、能生清浄願往生心。煩悩に眼《まなこ》さへられて、摂取の光明見ざれども（見上《たてまつ》らずと雖ども）、大悲ものうきことなくて、常に我身を照護せり。貪瞋の煩悩はしば〳〵起れども実の信心は彼等にも障られず、等）は常〔に〕明眼を翳掩《えいえん》しつゝあるなり。今之を有限無限の関係に就て説んに、有限は各〻別立のものなりと思ひて、曾て我他彼此の念を忘るゝ能はざりしも、一旦無限に対向し来れば、主伴互具の関係瞭然として掩ふ可からざるに至る。而して一旦瞭然たりし関係は常に相続して、永劫不断たるや勿論なりと雖ども、有限個立的の宿習は、尚其習慣惰勢を奮て、常に此主伴互具の関係を壅蔽《ようへい》せんとしつゝあるを免れざるなり。此に依て或は正念、或は邪念と、現生の間は正邪が交代して止まざるあり。之を仮に数学式に示さんか、即ち左の如し。

$$C\infty \sim a\times\infty=\pm b\,(0\cdots\cdots\infty)$$

C∞ は constant infinity 即ち弥陀力

a は variable quantity of daily impure actions

×∞ は infinite inertia of past lives

± は pure or impure

b は variable quantity of present actions

a の変化 は cd の二 factors の模様による　其 c は constant 或は neutral と云ふべき因　◎即ち吾人の心力（mental energy）にして d は variable《（染浄相代的）》 或は oppositional《（正邪随一的）》 と云ふべき縁　即ち心外の事情（environment or circumstance）なり（$a \propto cd$）

$d = e + f$　　e = bodily constitution　体状
　　　　　　f = external circumstances　境遇

命終之時は $a = 0$ となるが故に

$C\infty \sim \overline{V_0 \times \infty} = \infty$（$a = 0$ となるは $a = cd$ の $d = 0$ となるによる）

となりて冥目の立所に大覚々了の大果を得るなり。

一六　南無阿弥陀仏の解釈如何。

曰く。梵語なり。帰命無量寿如来と訳す。無量寿如来に帰命し上《たてまつ》るの意なり。蓮師之を釈して、言南無者即是帰命、亦是発願回向之義、言阿弥陀仏者即是其行と云《の》べり。真宗の金註玉解となす。乞ふ其意を略弁せん。抑《そもそも》南無の梵語には帰敬、恭敬、帰礼等、種々の訳語ありと雖ども、帰命の翻語最も切適なり。我真宗の開祖親鸞聖人亦力を尽して此翻語（帰命）を解釈し玉ふ。甚だ旨あるなり。蓋し帰命とは命令に帰順するの意にして、尊者の命令に応じたる帰礼、恭敬にして、漫然たる帰敬、礼拝にはあらざるなり。今他力門信者の阿弥陀如来に帰するは、信者の方より求めて之を為すにあらずして、阿弥陀の方より然《しか》すべしとの命令に応じて、之を為すものなり。一家に之を本願招喚の勅命に帰すと云ふ。而して此帰命の事たる、全く次の阿弥陀仏に固属の事たることを忘る可らず。通常の帰敬、礼拝、即ち有限者の有限者に対する帰敬、礼拝は、能帰者と所帰者と其根本を異にして、彼の行は彼にありて、此に属せず。此の働は此にありて、彼に在らず。然るに有限者の無限者に対する行為に至りては、全く其趣を異にし、有限者の行為は一応有限者の自能より発するが如しと雖ども、一歩を進めて討究すれば、其行為は全く無限者所属のものにして、有限者の活動は悉く無限者活動の範囲内に包括せられ居らずばあらず。然らずんば無限者は真無限者たる能はざる可ければなり。衆生の阿弥陀仏に帰するや、其事一見衆生の行為に似たりと雖ども、其実全く阿弥陀仏の指命に順ずるに過ぎざるなり。機法一体、衆生の三業と仏の三業と云々（安心決定鈔？を見るべし）。是を以て言南無者即是帰命と訳して、更に亦是発願回向之義の文あり。即是発願回向之義とは、此帰命の事たる、全く阿弥陀仏の曾て発願して其功徳を我等衆生に回向（附与）し玉ふの意なりと云ふにあり。既に此の如きの帰命なるを以て、其事たるや、自力雑念の竄入《ざんにゅう》すべきなく、専心一意大悲の告命に随順乗托するにあり。自己全心を挙て大願業力の不思議に依凭《いひょう》するにあり。之を横超他力の金剛心と云ふ。蓋し弥陀回向の帰命の一心は、是れ凡夫自力の迷心にあらず、他力授伝の仏心にして、其堅実なること金剛の万石に摧破《さいは》せられざるが如きを云ふなり。帰命の解釈大略此の如し。細詳を欲するの士は、更に開祖行巻の妙釈を仰窺《ぎょうき》すべし。次に阿弥陀仏即是其行とは、乃ち上の如く弥陀大悲の教命に帰順したるものは、即ち是れ安養の往生を欲するもの、何を行じてか其目的に称《かな》ふべき。悲願指定の其通り乃至十念の称名念仏即ち其行なり。何を以て称名念仏に此の如き大功徳かある。他なし。弥陀仏兆載永劫《ちょうさいようごう》修行の功徳利益を集め尽して成就し玉へるもの、即ち此称名念仏なればなり。一声称仏の立所に往生の業事成弁する、豈其処ならずや。之を阿弥陀〔仏〕即是其行の大意とす。尚阿弥陀仏の訳語に付、無量寿、無量光、十二光等の事あれども、今は之を略す（顕名抄？を見るべし）。

因みに問ふ。称名とは阿弥陀仏と称ふることとなるべし。今の釈にも阿弥陀仏即是其行とあり。然るに称名念仏と云ひ乍ら、常に南無阿弥陀仏を称ふるは如何。

答。南無の二字は本文に云へるが如く、全く阿弥陀仏の四字に附属して離れざる言葉なり。衆生が弥陀に対する時は是非とも帰命せざる能はず。故に称名念仏と云はゞ、南無阿弥陀仏と称ふることと知る可し。経証を挙げん。観経下品段に曰く、応称無量寿仏……称南無阿弥陀仏……称仏名故……。

一七　信とは三信一心（第十八願成就）とは如何。

曰く。信仰の宗教に重要なること弁を待たず。宗教とは信仰々々とは宗教を云ふことあるを見て知るべし。宗教の大体に於て然り、仏教に於ても豈然らざらんや。八宗の祖師竜樹菩薩は仏法大海信以能入と説けり。仏教全体に於て然り、他力真宗に於て豈然らざらんや。豈唯然るのみならんや。信の他力真宗に於ける実に絶対不共の価値あるを忘る可からず。大無量寿経には之を至心信楽欲生（我国）と誓ひ、信心（歓喜）と成し、観無量寿経には至誠心、深心、回向発願心と表し、小阿弥陀経には一心不乱と示し玉へり。真宗の第二祖天親菩薩は（世尊我）一心との玉へり。此等の所説、其外見異なるが如しと雖ども、其実皆各横超他力の堅信を陳るにあり。此に依て宗祖は親著信文類に於て、此三信（至心信楽欲生）一心の一異に就て、特に懇到なる説示を垂れ玉へり。今其概要を略述せん。至心と云ふも、信楽と云ふも、欲生と云ふも、其言異なりと雖ども、要するに有限の我等衆生が無限大悲の阿弥陀如来に対するの心にして、所謂行者帰命の一心なりと云ふにあり。今箇別に之を述ぶれば、至心は即ち誠実不妄の意にして、衆生の仏に対する固より然らざる可からざるなり（虚妄不実の行はるゝは有限と有限との間にあり。今有限の無限に対する、苟も一点の不実あらんか、無限は即ち忽ち之を照破し尽して、一毫《いちごう》を許さゞるなり。故に有限の無限に対するや徹底の真実至誠ならざる可からず）。次の信楽は如何。是亦誠実不妄の心ならざる可からず。凡そ所謂信仰、或は信心と云ふもの、若し一点の虚妄不実を交へんか、是れ則ち信仰信心にあらずして、新考別想と化し去るものなり。而して有限の衆生が無限の大悲尊に対する信楽、豈一毫の虚妄を添ふ可んや。故に弥陀の弘誓を信じて安養の往生を楽ふの心、豈誠実ならずして可ならんや。次に欲生の心は如何。是亦有限の衆生が無限の阿弥陀仏に対し、其浄土に往生せんと欲するの心、豈一点一毫の不誠を容る可んや。之を要するに、三段の心は皆共に有限の無限に対する真実心にして、毫末の虚妄不誠を容れざるの心なり。是れ則ち念仏行者の弥陀に対する帰命の一心なり。夫れ唯帰命の心なり。知る可し、他力回向（授伝）の心なることを。夫れ唯他力回向の心なり。知る可し、凡夫虚妄の心にあらずして、徹底至誠の仏心なることを（儒者をして云はしめば、一毫人欲の私を交へざる至公至誠の道心なりと云はん乎）。夫れ唯仏心なり、以て仏果を開くの仏因とす。真に其処を得たるを知るべし。念仏行者浄土往生の大因、全く此信心にあり。豈絶対不共の妙心たらずや。観経の三心、小阿弥陀経の一心等今は之略す。篤道の人、宜く入門而問すべし。

一八　三信帰一の義、略聞を得たり。何故に三信を区別するや未審。乞ふ之を説明せよ。

曰く。是れ他力の信心を顕揚せんが為、最も妙趣の存する所。先づ有限無限の関係に就て見よ。有限が無限に対するや、有限は能求者にして、無限は所求者なり。而して既に無限を求め了るや、無限は能持者にして、有限は所持者なり。求持の関係完了して、茲に無限の指命に順ずる有限の作用の顕はれ来るを見る。

有限――能求　　無限――所求
無限――能持　　有限――所持
有限――能作　　無限――所作

夫れ此の如く有限無限の関係に三段の階次あり。是れ則ち至心信楽欲生の三信なかる可からざる所以なり。乃ち第一の至心は衆生（能）の仏（所）に対する至誠心なり。第二の信楽は衆生（所）が仏（能）の大悲を信受する深信の心なり（衆生は受者、仏は授者なるが故に、仏と衆生相能所たるなり）。即ち正しく他力の信心獲得の地位なり。第三の欲生に至りては、信楽の儘に弥陀の浄土（所）に往生せんと願ずる心（能）にして、他力回向の発願心なり。三心の当相此の如くなるが故に、第一第三は衆生の方に能動ありて、仏の方は所動なり。只第二の信楽のみは仏の方に能動ありて、衆生の方は所動なり。故に若し此第二段の地位に代るに、衆生の能動を以てせんか、三者悉く衆生の能動となりて、其信相全く自力の発心と化了するなり。第十九願の至心発願欲生、第二十願の至心回向欲生、以て見る可し。唯第十八の三信には中間の信楽、即ち他力回向の真心あるが故に、前後の二心も皆悉く融して他力の真心と化し、三信悉く他力真実の信心を成するに至る（悟りて後初て仏になりたるにあらず、無始本来の仏陀たる風情なり）。欲生の心は信楽より起りたるが故に他力なりと云ふのみにあらず。第一の至心も審考すれば、蓋し弥陀弘誓の成就によりて逆悪の我等が殊勝にも至心の誠を呈するに至りたるを領するなり。三信の大要略上述の如し。大海深広、涓滴の尽す所にあらず。大根の士、入て探解せよ。左右に宝珠を獲ん。

至心—自力（他力）
信楽—他力（他力）
欲生—自力（他力）

至心—自力
発願—自力
欲生—自力

至心—自力
回向—自力
欲生—自力

一九　信と行との関係如何。

曰く。仏法の修道に於ては、信より行を起し、行によりて果を証するを常軌とす。他力真宗の信者は、称名念仏を以て其行とす。而して信既に他力回向の仏心なれば、行も亦随て他力回向の仏行たること勿論なり。朝な〳〵仏と共に起き、夕な〳〵仏と共に伏す云々（安心決定鈔？）。是れ即前段所提の乃至十念の称名念仏なり。今其模様を略説すれば、他力門の信者其信心獲得の上は、金剛の堅信深く心底に充実して、長時に相続して間断あることなし。而して此堅信の内因、必ず自然に外用に表発し、乃至十念の起行となる。而して堅信の不断相続なるに応じて、起行も亦不断相続するやと云ふに、然ること能はざるなり。其故如何となれば、外用は則ち身体の模様に依て甚しく左右せらるゝものなるが故に、若し外境にして身体を他に誘動しつゝある場合にありては、称名念仏其所を得ざるなり。啻《ただに》外境のみならず、内にありて彼の無始已来曠劫《こうごう》流転の習性は、現在の煩悩妄想と相結托して、常に正念の発動を妨害するを怠らざるなり。是亦称名念仏の表発を削減するの一因なり。夫れ此の如くなるが故に、大信大行は双翼不離の法なりと雖ども、実際の発作に於ては種々の状態に転ずるを免れざるなり。然れども此に依て以て他力回向の信行に不足ありとすべきにあらざるなり。適々《たまたま》以て自己の罪悪深重なるを反省し、益す《ますま》以て大悲の深重なるを自解するに足るべきなり（此に付、機法二種の深信と云ふことあり。機の深信とは、我身の罪悪深重なるを確信することにして、法の深信とは、大悲救済の広大なるを深信することとなり。詳細は入門而問に譲る）。和讃に曰く、

弥陀の名号称へつゝ　　信心まことにうる人は
憶念の心つねにして　　仏恩報ずるおもひあり

二〇　四法の建立にも教行信証と行を先にし、信を後にし、今の和讃にも称名を先に出し、信心を後に属《しょく》す。是れ豈仏法の通軌、信行証の次第に違ふにあらずや。将又《はたまた》格別の由あるか。

曰く。大に由あり。是れ即ち他力の真相を掲出するものなり。仏法の通軌と云ふは、解し易き自力門の次第を言へるのみ。一歩を進めて他力門の真相に入れば、信行の次第は転じて行信の順序とならざる可からざるなり。抑《そもそも》行の行たる所以は、由て以て果を証するが為なり。而して他力門の信者が浄土往生の大果を得証する、其本行は行者自力の修行にあらず、弥陀大悲が曽て永劫に修了し玉ひたる広大難思の妙行にあり。此行若し成就し玉はざりせば、今日の我等衆生何の縁ありてか此の如き大果を速証し得んや。乃至十念の称名は彼の妙行の功徳利益を衆生の方へ回向し玉ひたる表発に過ぎざるなり。是を以て衆生往生の大行は、衆生獲信の前に在て十劫の昔に既に修成し了り玉へるなり。衆生の方に於て切迫の場合にありては、一声の称念も発せざるも尚可なる所以、全く此に在り。蓋し乃至十念の願文に応ずる信後の起行は、往昔長劫に法蔵薩多の修成し玉ひたる大行の反照射影に過ぎざるなり。尚乃至の置言に就て、甚旨の存する所を察すべし。而して乃至十念の称名は、信者に在りては全く報恩謝徳の念なること、前の和讃の如しと知るべし。

二一　信心の重要なること略聞くを得たり。然るに茲に一疑あり。悪逆の凡夫が獲信の一念に往生業事を成弁すると云ふは、豈甚だ怪事ならずや。若し果して然ることあらんか、是れ全く因果の理法に背反するものにあらずや。

答。二種の解釈あり。今一応の説明を用ば、此広大難思の信心を獲得するは、何れの衆生も無差別に此大恵に浴するにあらず。只宿因（宿善）深厚のもののみ此大信を発得するに止まる。即ち深厚なる宿善の原因ありて、他力の大信の結果を獲得し、更に他力大信の原因によりて報土往生の大事たる結果を成弁するにあるが故に、其中間毫《ごう》も因果の理法に破綻あることなきを知るべし（無宿善の機は決して信心開発の幸恵に預る能はざるなり）。次に第二解は、仏法全体（否宗教全体）に於て常に不可思議の一段を存するより説明するものにして、其実哲理の源底に一大不可思議の横たはると同一様のものなりとす。他なし。有限無限の成立に関して劈頭一大不可思議の存するは、他なし、如何なれば二者の存在することあるやの疑問是なり。有限あれば無限なかる可らず。無限あれば有限なかるべからず。何に由て有限なるものあるや、何に由て無限なるものあるや。一方は他方より化転したるものか、如何にして無限より有限を化転し得るや、或は如何にして有限を化転し得るや。此疑問は仮令《たとえ》百千の明哲出づるも、到底解釈し能はざるの疑問なり。仏教自力門に於ては無明初起の難問題となり、更に又無明断尽の難問題となる。前者は屢《しばしば》常談に上る所なれども、後者も亦同一の難題たることを一言せば、漸教にあれ、頓教にあれ、自力の修行が如何にして無限を覚了するの大行（無限行）を成就し得るや、是れ決して存する能はざる所なり。若し夫れ無限の時劫を経て成就すと云はん歟《か》、是れ乃ち大覚の無限時の後にあること、即ち大覚其期なきことを飾説するに過ぎざるなり。有限の範囲内に無限を産出すと云ふは、到底不可思議と云ふの外なし。是に於てか、悉有仏性の説其猛勢を逞ふするに至る。何ん〔と〕なれば、若し夫れ一切衆〔生〕に悉く仏性を具有せんか（有限内部に無限性を包有せんか）、仏性が転じて仏陀となる（無限性が現じて無限に活動する）、豈何の不可思議か之あらん。只些《いささか》の外縁を待つべきのみ。飛花落葉、青山流水、皆以て悟道の大縁たるに足るなり。本来面目の現前する、何の難事か之あらん。夫然り、悉有仏性の妙談、実に不可思議を断じて可思議たらしむる魔説なり。然れども乞ふ一考せよ。是只不可思議を払ふに、他の不可思議を以てしたるのみ。一難を滅して、更に一難を生じたるものに過ぎざるなり。何んとなれば、衆生有仏性とは抑何たる難題ぞや（有限内に無限ありとは哲理の第一義を破滅し去るの自家背反にあらずや）。之をしも解し得べしと云はゞ、将《もって》何事に解《か》し得べからざらん。然れども之を領納せずんば、忽ち前の難題に窮困せん。豈進退維谷《これきわま》らずや。否進退谷るにあらず。吾人の世界観は、何処にか必ず一不可思議を許容せざる可からざるなり。強て此不可思議を除かんとするが故に、此の如き窮谷あるのみ。今夫れ他力門の不可思議、亦何ぞ之に異ならん。衆生（有限）が往生（無限に達する）の業事を成弁するは、他力不可思議の摂取に遇ひ上《たてまつ》るが故なり。是れ実に不可思議の幸慶なり。然るに茲に不可思議を認容せずして、更に信心開発（無限因を獲得する）の原因を求んか、是れ宿業の開発によると云ふの外なきなり（悉有仏性と心性に無限を附与せず、曠《こう》劫《ごう》多生の流転中に無限因を積集せんとするなり）。然れども此も一応然るべきが如しと雖ども、更に一考すれば、到底無用の飾説たるを知る可し。乃ち彼の曠劫の宿世に無限の善因を積集すと雖ども、無限の時劫は現に経過し了せりと云ふ可からず。未来に亘りて尚無限ならざる可からず。然らば往生の真因たる信心（無限因）を獲得するに相当すべき善因は、未来無限に至らずんば成就する能はざるべきなり。過去現在に此地位に達せるものある可からざるなり。是れ則ち所解の本題に背反撞着するものにあらずや。過去現在の獲信の原因を討究して、過去現在に獲信の事ある能はざることを断証するものなり。夫れ然り、故に吾人は到底不可思議の存することを許容せざる可からざるなり。而して此許容たるや、只他力門のみのことにあらず。自力門にも同一の許容なかるべからざるなり。否哲理の源底に一大不可思議を許容せざる可からざるなり。難者須く諦念すべし。

二二　獲信の段落によりて如何なる風光かある。

答。獲信の得益、甚だ夥多《かた》なりと雖ども、一括して之を云ふときは、宗教の目的を遂成して信者の心底一大安心の現起するにありと云ふ可し。発して而して感情に発するものを歓喜の心と云ふ。経曰、聞其名号信心歓喜と是なり。而して此歓喜の心たる一旦現起の上は、永く継続して絶せざるものなること、尚憶念の心相続不断なるが如し。此心転じて万多の場合に表発し、信心の一生をして悠々楽しむ所あらしむること、推して想察すべし。其理然れども此心亦間断なきにあらず。彼の報謝の称名と同く間歇交逓を免れざるあり。然れども既由も亦彼の場合と等しく、曠劫流転迷習の惰勢に圧迫せらるゝに由るものなり。然れども若し夫れ煩悩其勢を滅じて、正念剋復の時には、常に鬱然として煥発し信者をして恰も既に極楽界中に在るの思あらしめ、或は身自ら既に仏陀たるの思念に住せしむるに至る。

心は浄土に住み遊ぶ……

信心よろこぶ其人を如来とひとしとほめ玉ふ

……以て徴すべし。

然れども茲に註記すべきは、他なし。信心決定の行者、必ずしも忽ち全く仏陀と化し、常に浄土に住するにあらざること、是なり。彼大悟の大士も亦、悟後の修行の完からざる間は、生身の仏陀にあらざるが如し。是れに由て真宗念仏の行者、其信心実に金剛の堅を持すと雖ども、若し夫れ煩悩紛起して邪念強盛の時にありては、或は悪魔外道に近似することなしと云ふ能はざるなり。穴賢々々。

貪瞋の煩悩は……まことの信心は彼等にもさへられず

顚倒の妄念は……

信者たるもの、此の如きの場合に遇はゞ、速に心身を安静にして、深く小心恐戒すべし。

二三　証とは必至滅度《めつど》（第十一願成就）とは如何。

曰く。証とは果にして、真宗念仏行者の究竟最後の目的は、必ず滅度（大般涅槃《だいはつねはん》）に到達するにあるを云ふ。是れ弥陀仏の四十八願の第十一に誓ひ玉へる所なり。其文に曰く、設我得仏国中人天不住定聚必至滅度者不取正覚と。乃ち前段所説の信行に依て弥陀仏国に往生したる人天《にんでん》は、定聚《じょうじゅ》の位に住して、必ず滅度に至らずば正覚を取らぬとなり。此願文甚だ簡短なりと雖ども、其中幾多問題の存するを見る。（第一）人天とは如何、（第二）定聚とは如何、（第三）滅度とは如何、（第四）定聚滅度の差別関係如何〔（第五）即得往生とは如何、（第六）不退転とは如何〕の四問は、其顕然たるものなり。

（第一）国中人天とあるは、畢竟二者を挙て一切を総標したるものなり。弥陀仏国の住民は、皆悉く其内証弥陀同一の仏陀にして、彼此平等毫も等差あることなし。然れども其従来の故郷に順じ、或は浄国荘厳の為等の因縁に依り、或は菩薩、或は声聞、或は人、或は天等、種々の変現あるなり。経にも但因二順余方一、故有二天人之名一ともあり。此等の研究は今茲に尽すべきにあらざれば、之を略す。要する〔に〕深く人天の二字に拘泥すべきにあらざるなり。

（第二）定聚とは或は正定聚《しょうじょうじゅ》と云ひ、正しく大涅槃を証すべきに定まれる聚類の義なり。邪定聚、不定聚に対して最も優勝の地位たるなり。経に曰く、仏告二阿難一、其有二衆生一、生二彼国一者、皆悉住二於正定之聚一、所以者何、彼仏国中、無二諸邪聚、及不定聚一、と。不定聚とは、大果証得の定まらざるもの、邪定聚とは、種々迂回の上に漸く大果に到達するもの、此等に対して正定聚とは、速疾直達大果を証得するものなり。此に疑問の生ずる所以は、此の如く正定聚は速疾直達大涅槃を証するものと云ふ、其速疾直達とは如何。開祖の判釈は、命終直達の事とし玉ふ。之に依て現生正定聚の因あり。即ち他力真宗の念仏行者は、獲信の立所に現生に正定聚の位に住すると云ふにあり。然るに経文に又曰く、即得二往生㆒、住㆓不退転㆒と。此不退転と云ふは、再び迷界に退転せざる位にして、前の正定聚の事なり。其住㆓不退転㆒の上に即得㆓往生㆒とあり。故に浅薄の眼にては、往生したる上、彼土に於て不退転に住する事なりと云ふ。前の願文にも国中人天と置て不住定聚とあれば、此亦彼土不退の事と為す。果して然らば、現生正定聚、現生不退転の証左は何れにあるや。是一大問題なり。断じて曰く、即得往生の一句を熟読すべし。若し衆生が信心決定の即座に直に命終得生すとせんか、即得往生亦何の他意もなきなり。然れども事実決して然らざること言を待たず。獲信の已後に尚娑婆に滞留するもの、比々《ひひ》皆然り。只千万或一、獲信臨終のものあるのみ。若し又獲信は必ず臨終の一念に限るとせんか、即得往生亦何の他意もなかるべし。然れども是経文に其制限を見ざるのみならず、理も亦拠るべきなし。此に依て之を観れば、即得往生とは信心発得の行者は、其信決定の立所に浄土に往生すべき大利を得了する事ならざる可からず。而して得の字義たる、全く此意に契当す。所謂「うべきをえてんずる」と云ふ是なり。此大事治定して、而して現生娑婆在命の間は、是れ人間にあらず、未だ仏陀にあらず、即ち正定聚不退転位の住人なり。之を平生業成《へいぜいごうじょう》の大意とす。平生業成とは、我等凡夫が臨終を待たずして、平生に往生の業事を成弁し了すること是なり。詳細は門に入りて尋ぬ可し（有限無限の関係に就て之を云はんか、有限が一旦無限に対する関係を認得するや、翻て前の有限箇立の思念に返る能はず。主伴互具の関係は湛然として不動なる、是れ所謂不退転の義相なり。豈に来生を待つの必要あらんや。現生速達なること勿論なり）。

（第三）　滅度は即ち前に云へるが如く、大涅槃にして、真宗念仏行者究竟の目的なり。而して其事たる、仏界不可思議に属して、有限凡愚の測量し得る所にあらずと雖ども、所謂弥陀仏同等の円覚にして、慈智円満の極果たるなり。夫れ然り、然るに茲に小疑の存するは、弥陀は即ち諸仏中の王、光明中の極尊にして、最極至尊の覚体にあらずや。然るに凡愚無智の我等衆生が忽頃《たちまち》にして此無極尊と同等の円覚に達すと云ふは、豈余りに過格の事ならずやと。是れ小由あるが如しと雖ども、而も全く誤謬の迷論なり。蓋し弥陀仏の至尊なるは固より論なし。然れども彼の諸仏中の王、光明中の尊と云ふは、是れ相対論上の事なり。若し夫れ内証絶対門に就て云はゞ、仏々平等にして、決して等差あるべきなし。今我等が往生の即時に弥陀同体の円覚を開くと云ふは、此平等門上の談なり。若し夫れ相対差別門上に於ては、或は種々の差別もあらん。因縁の存する処固より相当の区別あるべき也。然りと雖ども此の如きの差別は、内証の大覚上に於て毫も損益なき所なり。更に彼の大覚其物に就て熟察せよ。所謂始覚本覚還同一致にして、初てと思ふて覚て見れば、何ぞ図ん、無始已来の本覚、不増不減常住昭々たるなり。所謂本来面目則ち是なり。此本覚、此面目、彼此の不同あるべき筈なく、一味平等にして更に差別なきなり。之を如㆓衆水入㆑

海一味一との玉へり。而して此大覚の頓速なるを以て、敢て疑を容んとするは、是れ未だ弥陀願力の絶大卓越なるを熟解せざるものなり。何ぞ論ずるに足ん。曾て必至滅度の大果を思ひ、窃《ひそか》に想像すらく、弥陀弘誓の大願業力は夫れ絶大の火炎団の如きか、其宿善の機に対するや恰も流泉に湿へる薪材に接するが如く、烈しく全材を熱すと雖ども、不遏《ふあつ》の注流亦之を冷湿して、僅に冷暖を交遞《こうてい》せしむるに過ぎず。然れども若し夫れ一旦命終の期に際せんか、恰も泉源梗塞《こうそく》して流注の茲に止みたるが如く、猛焰忽ち全材を焼尽して火気炎々、亦彼此の別なからしむるに至る所、則ち是同体一味の大覚円満に似たるものあるか、と。此比喩寔に迂拙なりと雖ども、夫れ或は速証法性の一端を推想するに足ん歟。敢て附《ふ》贅《ぜい》す。

（第四）住正定聚、必至滅度の大要は前二段に略説するが如し。此両者は共に信心の利益にして、一は現生に属し、一は当生に在り（然るに、二者共に当生の一益としたる一益法門の邪義なるものあり。好学者は問て考ふべし）。是れ然らざるを得ざる所にして、敢て遅疑の容るべきなきが如しと雖ども、経文の言句に拘泥して亦二益を共に当生にあるとする（二益法門にして現生を取らざる）ものなきを保し難し。乞ふ少しく論定せん。夫れ信心の開発は何生にあるや、勿論現生なり。而して現生の最後、即臨命終時と限るべき制限なきこと、前に云へるが如し。然らば則ち現生中時を撰ばずして信心は開発し得べきなり。既に信心開発せんか、其所に一段の得益なくして可ならんや。彼の正定聚不退転は正に此益たるべきなり。他語以て之を説んか、箇存の有限が初めて無限に対する関係を覚知するや、其有限は最早従来箇存の観念を脱却し、有機組織の観念に転入す。是れ歴然たる一段の変転なり。而して此新観念たるや、決して消滅することなく、永く相継して不変たるや勿論なり。豈正定聚不退転にあらずや。而して此時、若し恰も命終せば、併せ直に大般涅槃の妙果を覚得することあるも、是亦偶然の投合のみ。若し夫れ信者が尚ほ現生に存命せんか、其間は前の定聚不退の位に継在して、尚所謂穢土《えど》の仮名人《けみょうにん》たるなり。而して正しく命終時至りて茲に初て大般涅槃の極果に昇る。是れ豈更に一段の得益にあらずや。而して其事たる、必ず然らざるを得ざるなり。他語以て之を説んか、有限無限の関係は顕現して有機組織の観念既に明なりと雖ども、如何せん前業の所感は依然として有限の状態を脱せしめざるなり。是れ云はゞ有限を表とし、無限を裏とする位にして、乃ち先の定聚不退なり。然るに業報茲に尽きて、有限の状態亦消散し去んか、無限の状態は忽然として表面に現じ来りて、有限の状態は深く裏面に潜伏するなり。之を大般涅槃の証果とす。豈亦必然の事ならずや。夫れ此の如く獲信と命終と二箇の事情あるが為には、其得益亦現当の二段に亘らざる可からざるなり。豈一益の邪義に迷ふ可んや、豈亦当二の妄説に惑ふ可んや。*是に由て更に経文を展閲すれば、弥《いよいよ》此関係を明領し得べきを見る。先づ彼の即得往生、住不退転の文段を見よ。是れ十八願成就を説ける文にあらずや。第十八願は即ち主として十方衆生の信仏因縁を願ぜるものなり。而して其成就の文に不退の益あり。是れ即ち現生不退にあらずして可ならんや。進んで第十一願文を検する、是れ亦甚だ解し難きを見ず。彼国中人天とは、国中人天たるべきものを指せるなり。国中人天たるべきものは、現生には定聚に住したること勿論にして、証果は必ず滅度に至るにあらずば正覚を取らぬと云ふ意なり。若し又現生住正定聚の暇なくして、臨終獲信の機は、直に大涅槃に昇ると雖ども、其実定聚の益を併せて滅度に至るなりとの意あり。是れ定聚滅度を一願中に合誓し玉ふ所以なるか。尚第十一願成就の文は、其訓読左の如し。

仏阿難に告《つげたま》はく、其れ衆生の彼の国に生ずる有らんものは、皆悉く正定の聚に住せり。所以は何となれば、彼仏国の中には諸の邪聚及不定聚たりしもの無ければなり。

信前	信後	
	現生	当生
有限	有限／無限	無限／有限
凡夫	正定聚	滅度

* この前に実線が引かれ、上欄に「以下削る」という但し書きが記されている。

解説

藤田　正勝

一

清沢満之がその最初の著書であり、生前に公刊された唯一の著書である『宗教哲学骸骨』（法藏館）を出版したのは一八九二（明治二十五）年のことでした。『在床懺悔録《ざいしょうさんげろく》』が執筆されたのは、それから三年後の一八九五（明治二十八）年のことです。

この『在床懺悔録』は、『宗教哲学骸骨』と異なり、草稿の形で残されたものです。『宗教哲学骸骨』の方は真宗大学寮（大谷大学の前身）において行われた講義がもとになって、その翌年に出版されたのですが、『在床懺悔録』の方は講義で話されたものではありません。清沢は一八九四（明治二十七）年四月に結核と診断され、兵庫県の垂水に転地療養をしていました。その病床でこの草稿は執筆されました。

『在床懺悔録』が最初に公にされたのは、一九〇三（明治三十六）年に清沢が満三十九歳で亡くなってほぼ十年後に、清沢が開いた信仰共同体「浩々洞《こうこうどう》」に集まった弟子たちの手によって『清沢全集』（無我山房）が刊行されたときでした。『在床懺悔録』はその第一巻「哲学及宗教」に収められています。本文の前に次のような「引」が置かれています。

『在床懺悔録』とは先生自ら題し給ふ所也。明治二十八年の春、大浜西方寺の病床にありて、筆を執り給ひしものにして、総じて二十四篇より成る。先生が当時の信念を基礎として、浄土真宗の教義を説明したまひたるもの也。

清沢の自坊であった三河大浜の西方寺で執筆されたというのは正確ではありません。戦後、一九五三年から一九五七年にかけて暁烏敏と西村見暁の編集によって『清沢満之全集』が法藏館から刊行された際には、『在床懺悔録』はその第四巻「石水時代（上）」に収められましたが、その文末には「明治二十八年一月・垂水洞養寺にて」という注記がなされています。清沢は一八九五（明治二十八）年は垂水に転地療養中でしたから、転地先の洞養寺で執筆されたと考えてまちがいないと思います。また清沢はその年の二月初め（ないし一月末）から三月末にかけて『他力門哲学骸骨』と題した草稿を執筆していますが、『在床懺悔録』はそれに先立って一月ごろに執筆されたと考えられます。

清沢は重い結核のために転地療養を余儀なくされたのですが、そのなかでこの『在床懺悔録』と『他力門哲学骸骨』という二つの草稿を書き残しました。先に『現代語訳 他力門哲学骸骨』（法藏館、二〇〇三年）を刊行した際、その解説のなかで、「保養雑記」と題された清沢の日記（明治二十七年七月から二十八年七月まで）の明治二十八年三月十五日の欄の、「妻やすには余の心中も予て承知のこと、今別に云ひ遺すべきことなし。只だ後を宜敷《よろし》き様重ねて依頼し置くのみ」という言葉を引用し、清沢がはっきりと死を覚悟していたこと、そして『他力門哲学骸骨』に彼の遺言という意味を込めていたということを記しました。『在床懺悔録』もおそらく同じ覚悟、同じ思いのなかで執筆されたのではないかと考えます。

「懺悔《さんげ》」というのは、その覚悟のなかで自らの生涯を振り返って記された言葉ではないかと思います。「保養雑記」の明治二十八年一月末の欄に、「極悪最下の機も、前念命終《ぜんねんみょうじゅう》後念即生《ごねんそくしょう》（信心獲得の刹那、直ちに不退転の位に入り、往生が決定すること）の深意、夫《そ》れ此に至りて首肯し得べきにあらずや。愚蒙の改悔《かいかい》それ此の如し。穴賢《あなかしこ》々々」と記されていますが、死の床ではじめて、「前念命終後念即生」という言葉の意味を真に深く理解することができたという思いが生じたのでしょう。この悔い改めと、『在床懺悔録』の執筆とは深く結びついているように思います。もちろんそれだけでなく、浄土真宗の伝統のなかで言われる「懺悔」の意味もそこに込められていると言ってもよいでしょう。親鸞の『尊号真像銘文』に、「南無阿弥陀仏をとなふるは仏をほめたてまつるになるとなり。……無始よりこのかたの罪業を懺悔するになると申すなり。……安楽浄土に往生せんとおもふになるなり、また一切衆生にこの功徳をあたふるになるとなり」という表現がありますが、この意味での懺悔が、先の改悔に重ねあわせられていると考えられます。

先に記しましたように、『在床懺悔録』と『他力門哲学骸骨』とはほぼ同じ時期に執筆されました。内容の上でも深いつながりがあります。ともに他力の信仰を考察の中心に置いています。しかし異なる点もあります。『他力門哲学骸骨』が『宗教哲学骸骨』の問題意識を受け継ぎ、「宗教とは何か」という問いから出発しているのに対し、『在床懺悔録』の方は他力信仰の問題を正面から取り扱っています。もちろん哲学的な考察がまったくなされていないわけではありませんが、その主要な関心は、「宗教とは何か」、あるいは「宗教はなぜ必要か」といった宗教哲学的な問いに向けられていません。阿弥陀仏の本願とその成就という問題が、その中心にあります。

このように病床で書かれた二つの草稿は異なった観点から書かれていますが、それぞれ哲学者としての清沢と信仰者としての清沢の遺言という意味が、そのなかに込められていたのではないかと思います。あわせて読んでいただくことによって、清沢満之という人がどういう人であったのかということが、より明瞭になるのではないでしょうか。

なお『在床懺悔録』は、先に挙げた全集以外に、一九三四年から翌年にかけて有光社から刊行された『清沢満之全集』第二巻「宗教」、さらに二〇〇二年から翌年にかけて岩波書店から刊行された『清沢満之全集』第二巻「他力門哲学」にも収められています。

二

いまも記しましたように、清沢は信仰者としての立場に立ち、この『在床懺悔録』を執筆しています。浄土真宗の教義を正面から取り上げ、それをめぐるさまざまな問題について自らがどのような見解をもっているかを明瞭に語っています。信仰者としての自らの歩みの総決算が意図されていたと言ってもよいでしょう。

その叙述は親鸞の『教行信証』を踏まえ、その枠組みに沿ってなされています。具体的に言いますと、阿弥陀仏の本願とその成就について論じた総論的な部分に続いて、第七〜九節では「教」、第一〇〜一六節では「行」、第一七〜二二節では「信」、第二三節では「証」について論じています。

しかし『教行信証』の内容を順を追って解説することが目指されているわけではありません。この親鸞の著作のなかで説かれていることは、必ずしも容易に理解できることばかりではありません。それを読むもののなかに多くの問いを生んできたと言ってよいと思います。それらは、とりもなおさず、他力信仰の核心に関わる問題でもありました。そのような疑問を取り上げ、詳しく検討することによって、浄土真宗の信仰とは何なのかを明確に描き出すことが意図されていたと言えるように思います。

本書で取り上げられている主要な問題点を以下で挙げてみましょう。たとえば浄土真宗では、阿弥陀如来の名号を称えることが、浄土往生を実現するための大行《だいぎょう》（大いなる行）であるとされます。しかし純粋な他力の立場と言われる浄土真宗において、どうして行が問題とされるのでしょうか。この問いに清沢は、この行は決して自力の行ではないということを強調しています。この問題は、『大無量寿経』「巻下」冒頭の段落（「本願成就の文」と言われています）に出てまいります「あらゆる衆生、その名号を聞きて、信心歓喜せんこと乃至一念せん。至心に回向して、かの国に生れんと願ずれば、すなはち往生を得、不退転に住せん」という文章をどう読むかという問題にも関わっています。よく知られていますように、親鸞は「至心に回向して」という箇所を「至心に回向したまへり」と読んで、浄土教の伝統のなかに新しい次元を切り開きました。信心、そして念仏は、衆生の心から発するのではなく、阿弥陀仏の回向に基づくということが言われたわけです。清沢もこの解釈を承けて、念仏が自力に基づくのではなく、阿弥陀仏の大いなる慈悲心がふり向けられた賜物であることを強調しています。

いま引用しました「本願成就の文」では「信心歓喜せんこと乃至一念せん」と言われていましたが、阿弥陀仏の四十八願のうちの第十八願では、「たとひわれ仏を得たらんに、十方の衆生、至心信楽《ししんしんぎょう》して、わが国に生ぜんと欲《おも》ひて、乃至十念《ないしじゅうねん》せん。もし生ぜずは、正覚《しょうがく》を取らじ」と言われています。すべての人々が、心の底から深く信じ、わたしの国に生まれたいと願い、十たび念仏を称えるのでなければ、わたしは決してさとりを開かないということが言われているわけですが、「乃至」というあいまいな表現がとられています。この「乃至」をどう解釈するかということは難しい問題です。この問いに対して清沢は、この「乃至十念」という表現は、具体的な回数を限定したものではないということを明瞭に述べています。阿弥陀仏の慈悲心による導きに出会い、信心を起こした人が、阿弥陀仏を称讃し、報恩のこころを表現するありさまが「乃至十念」(先の「本願成就の文」では「乃至一念」)と言い表されているのです。それは一回であるかもしれませんし、一生涯ずっと続けてのことであるかもしれません。一回、あるいは十回といった具体的な回数を指したものではないということを清沢は強調しています。

先ほどは、念仏が浄土への往生を実現するための行であるということを言いました。それに対して、いまそれは報恩のこころを表現するものだと言いました。阿弥陀仏の名前を称えることが往生の原因なのか、それとも、信心の確立こそが往生の原因であり、念仏は信心が確立して往生が決定したあとになされる感謝の行為なのか、という問題も他力の信仰にとって重要な問題です。清沢はまず、それをただ単に往生の原因とする考えを退けています。それは、念仏を衆生自身の力によるものとする考え方につながっていくからです。極端に言えば、昼夜を問わず、何万回も念仏を称え続けるという態度につながっていくからです。そのような行為はたいへん殊勝であるように見えますが、すべての衆生をもらさず救おうとする阿弥陀仏の広大な慈悲心と誓願の意味を、ほんとうには理解していないことから生まれてくる偏った立場であると言うのです。清沢にとっては、念仏は往生のための行であると同時に、報恩・感謝の行為でもありました。両者がぴったりと一致するところに、浄土真宗の信仰の特徴があると述べています。

さて、信が他力の信仰にとってきわめて重要なものであることは言うまでもありません。この信をめぐって三信ということが言われます。四十八願の要である第十八願の、「心の底から（至心《ししん》）深く信じ（信楽《しんぎょう》）、わたしの国に生まれたいと願う（欲生《よくしょう》）」という文章中の「至心」、「信楽」、「欲生」の三つの心のことです。それぞれ異なった表現がなされていますが、しかしそれらは結局、衆生が無限の大慈悲心である阿弥陀仏に帰依しようとする一つの心を指します。しかし、その一つの心がどうして三つに分けられるのでしょうか。この問いをめぐって清沢は、信心に三つの段階があることを述べています。第一は心の底から求める段階です。第二はふり向けられた大慈悲心を受け取る段階です。第三は往生を願う段階です。この三つの段階があるために三信ということが言われるのです。とりわけ注意する必要があると思われるのは、清沢が第二の信楽にもっとも重要な意味を見いだしている点です。第一と第三の段階では衆生が能動の側であり、阿弥陀仏が受動の側です。それに対して第二の段階だけが阿弥陀仏が与える側であり、衆生は受け取る側です。この阿弥陀仏からふり向けられたまことの信心が中間にあるために、三つのものが融合し、他力の真の信心が成り立つのだということを清沢は述べています。

以上の信と行、そしてその結果としてのさとり（証）について、一般には、信仰がまず出発点にあり、その上で修行がなされ、さとりに至るというように考えられますが、『教行信証』では、その表題の通り、信よりも行が先に置かれています。『浄土和讃』の冠頭讃でも、「弥陀の名号となへつつ／信心まことにうるひとは／憶念の心つねにして／仏恩報ずるおもひあり」というように、行が先に置かれ、信が後に置かれています。どうして行が先にあるのかという問いが当然出されます。それに対して清沢はここでも、他力における行が、行者自身の行為ではなく、阿弥陀仏がその大きな慈悲心により、かぎりなく長い時間をかけて修め終えた広大で不可思議な行の功徳が、衆生の方へふり向けられたことによって生じた行為であることを主張しています。衆生の行は、はるかな昔に修められた阿弥陀仏の行の反照と考えられるのです。その反照のうちでまことの信心が成立するというのが、清沢の考えであったと思います。

他力の立場では、信心が確立し、さとりを得ることが定まった人々を正定聚《しょうじょうじゅ》と呼びます。正定聚について『大無量寿経』の「本願成就の文」では、「仏、阿難に告げたまはく、「それ衆生ありてかの国に生るるものは、みなことごとく正定の聚に住す。……かの国に生れんと願ずれば、すなはち往生を得、不退転に住せん」」と言われています。最後の箇所は原文では「即得往生、住不退転」です。「住不退転」というのは、ふたたび迷いの世界に後戻りしないということであり、「正定聚に住す」と同じ意味です。その前に「即得往生」という言葉が置かれています。この言葉が置かれているために、しばしば、往生したのち、浄土において不退転に住するのだという解釈がなされます。最後の節で清沢は、この解釈を誤ったものとして退けています。信心が確立されても、衆生はすぐに生を終えるわけではありません。現実の世界のなかで平生の生活を送ります。信心の確立はこの平生の生活のなかでなされます（浄土真宗でしばしば言われる「平生業成《へいぜいごうじょう》」というのはそのことです）。『教行信証』で、「往相回向の心行（信心と称名）を獲れば、即の時に大乗正定聚の数に入るなり」と言われていますように、信心の確立とともに衆生は正定聚に住することになります。そうであるとすれば、往生したのち、浄土において不退転に住するというように解釈することはできません。「即得往生」というのは、信心を獲得した行者が、その信心を決定するやいなや、浄土に往生することができるという大きな利益を獲得し終わったと解釈するほかはありません。

以上のように、清沢は浄土真宗の教義をめぐるさまざまな問題に明快な答えを提示しています。その答えを通して、他力の信仰とは何なのかを明確に描き出しています。死の床のなかで（実際には小康を得て、あと八年永らえることができたわけですが）、清沢はそれを最後の仕事として選んだのではないかと思います。

三

原文に関しては、清沢の自坊であった西方寺（愛知県碧南市）に所蔵されている自筆原稿を底本にしました。テクストの確定にあたっては『清沢満之全集』（岩波書店）第二巻、ならびに『清沢満之全集』（法藏館）第四巻を参照しました。

この自筆原稿には句読点がありませんが、読みやすさを考慮して適宜句読点を付しました。また「順従せさるを得す」など、濁点のない箇所については濁点を付しました。同じく読みやすさを考慮して振りがなを付した箇所があります。また自筆草稿では、かなはカタカナが用いられていますが、それをひらがなに、変体仮名、略字は通行の表記に改めました。さらに旧漢字を新漢字に改めました。

現代語に直すにあたっては、いわゆる仏教用語に関する知識がなくても理解が可能なように、できるだけ分かりやすく表現するように努めました。またこの訳の方だけを読まれる場合を想定し、代名詞をもとの名詞に戻したり、接続詞を補ったりして、論旨が明快にたどれるように工夫をしました。

この『在床懺悔録』については、すでに橋本峰雄氏の現代語訳（『日本の名著』第四十三巻、中央公論社、一九七〇年）があります。訳出にあたって参照し、多くの示唆を得ました。

最後に、清沢の原稿の閲覧を許可された西方寺住職清沢聡之氏、ならびに大谷大学真宗総合研究所に対し、心より御礼申し上げたいと思います。

清沢満之（きよざわ　まんし）
1863年生まれ。明治時代の仏教哲学者・思想家、真宗大谷派の僧。尾張藩士の子として生まれたが、のち西方寺に入寺、清沢姓となる。東京大学大学院にて宗教哲学を専攻。1896年東本願寺で教学刷新と宗門改革を主唱したが、一時宗門より除名処分された。1899年真宗大学の初代学監に就任、宗門における人材の養成にあたった。一方、東京に私塾浩々洞を設立し、暁烏敏らと雑誌『精神界』を創刊、精神主義運動を提唱して革新的な信仰運動を展開した。1902年自坊に帰ったが、孤独のうちにも、より高次の信仰を形成し、西田幾多郎などもその影響を受けた。1903年没。著書、『宗教哲学骸骨』『清沢満之全集』８巻（いずれも法藏館）など。

藤田正勝（ふじた　まさかつ）
1949年生まれ。京都大学大学院文学研究科、ドイツ・ボーフム大学ドクターコース修了。哲学専攻。現在、京都大学大学院文学研究科教授。著書、『若きヘーゲル』（創文社）、『現代思想としての西田幾多郎』（講談社）、『日本近代思想を学ぶ人のために』（編著、世界思想社）、『京都学派の哲学』（編著、昭和堂）、『清沢満之―その人と思想―』『現代語訳 宗教哲学骸骨』『現代語訳 他力門哲学骸骨』『現代語訳 精神主義』『現代語訳 わが信念』（編著、いずれも法藏館）など。

現代語《げんだいご》訳《やく》　在床懺悔録《ざいしょうさんげろく》

二〇〇七年三月一二日　初版第一刷発行

著　者　清沢満之
訳　者　藤田正勝
発行者　西村七兵衛
発行所　株式会社　法藏館
京都市下京区正面通烏丸東入
郵便番号　六〇〇-八一五三
電話　〇七五-三四三-〇〇三〇（編集）
〇七五-三四三-五六五六（営業）

印刷　リコーアート　製本　新日本製本

ISBN 978-4-8318-7695-9 C1010

藤田正勝の現代語訳

清沢満之選集　全五冊